insel taschenbuch 4905

Ein neuer Anfang

Einmal hat eine jede Krise ein Ende, und dann ist es endlich Zeit für: »Ein neuer Anfang«. Und ist der erst einmal gemacht, fällt es umso leichter, alte Zöpfe abzuschneiden und all das hinter sich zu lassen, was uns schon seit langem beschwert. Ganz neu beginnen – wer von uns träumt nicht manchmal davon? Oft bedarf es dazu nur eines kleinen Schrittes und etwas Mutes. Mitunter wird man aber auch vom Leben selbst überrascht: Eine neue Liebe zeigt sich am Horizont, die Geburt eines Kindes steht bevor oder eine unerwartete Begegnung lässt uns jubilieren …

Wie inspirierend und beglückend ein neuer Anfang sein kann und dass es dafür nie zu spät ist, davon erzählen die hier versammelten Autorinnen und Autoren: Isabel Allende, Paul Auster, Elisabeth Borchers, Lily Brett, Annie Ernaux, Elena Ferrante, F. Scott Fitzgerald, Hermann Hesse, Marie Luise Kaschnitz, Amos Oz, Octavio Paz, Rainer Maria Rilke, Betty Smith u. v. a.

Ein neuer Anfang

Geschichten und Gedichte vom Loslassen und Neubeginnen

Ausgewählt von Clara Paul

Insel Verlag

Erste Auflage 2022
insel taschenbuch 4905
Originalausgabe

Quellennachweise am Schluss des Bandes.
Umschlagabbildung: Hans Traxler
Satz: Satz-Offizin Hümmer GmbH, Waldbüttelbrunn
Druck: CPI books GmbH, Leck
Dieses Buch wurde klimaneutral produziert:
ClimatePartner.com/14438-2110-1001
Printed in Germany
ISBN 978-3-458-68205-9

www.insel-verlag.de

Inhalt

In der Frühe sucht das Kommende seinen Namen

O Lust des Beginnens!

Ziemlich viel Glück

Es ist nie zu spät

Leichter beginnen

In der Frühe sucht das Kommende
seinen Namen

»Ich liebe diese Stunde, die anders ist, kommt und geht. Nein, nicht die Stunde, diesen Augenblick liebe ich, der so still ist. Diesen Anfangs-Augenblick, diese Initiale der Stille, diesen ersten Stern, diesen Anfang.« *Rainer Maria Rilke, Fragment von den Einsamen*

Octavio Paz

Vor dem Anfang

Wirre Geräusche, ungewisse Helle.
Ein weiterer Tag beginnt.
Im Halbdunkel ein Zimmer
und zwei ruhende Körper.
Hinter der Stirn irre ich
durch eine menschenleere Weite.
Da schärfen die Stunden schon ihre Messer.
Du neben mir aber atmest;
mir sehr nah und doch so fern
fließt du dahin und rührst dich nicht.
Unerreichbar, wenn ich dich denke,
mit den Augen dich betaste,
mit den Händen dich betrachte.
Es trennen uns die Träume,
doch das Blut vereint uns:
wir sind ein pulsierender Fluss.
Unter deinen Lidern reift
der Sonne Saat.
                    Die Welt
ist noch nicht wirklich,
die Zeit, sie zaudert:
                              untrüglich ist allein
die Wärme deiner Haut.

In deinem Atem hör ich
das Wogen des Seins,
die vergessene Silbe des Anfangs.

Rainer Malkowski

Zunehmendes Licht

Eben noch Nacht.
Die Bäume im Park
eine undeutliche Masse.
Nun hervortretend als Pinie, Zeder,
Steineiche.
Später, in einem Brief,
werde ich schreiben:
ich war heute Zeuge
der täglichen Erschaffung
der Welt.

Octavio Paz

In der Frühe sucht das Kommende seinen Namen

In der Frühe sucht das Kommende seinen Namen
Über den schläfrigen Stämmen funkelt das Licht
Berge galoppieren an die Ufer des Meeres
Die Sonne dringt sporenblitzend in die Fluten
Der Stein stürmt an und zerschmettert Strahlen
Es trotzt das Meer und schwillt am Fuß des Horizonts
Verworrene Erde Einbruch von Skulptur
Die Welt erhebt ihre noch nackte Stirn
Ein Stein geschliffen und glatt um ein Lied drin
  einzugraben
Das Licht entfaltet seinen Fächer von Namen
Und ein Hymnus beginnt wie ein Baum
Und Wind ist da und schöne Namen im Wind

Elisabeth Borchers

Neuer Tag

Auferstanden vom Schlaf
gesättigt vom Traum
sind wir da
und fordern den Tag.

Schöneres kann uns nicht blühn
als der Baum vor dem Hause
des Nachbarn.
Begabter können die Sinne nicht sein
als wahrzunehmen
was uns gebührt.

Marco Lodoli

Ein Stückchen geschenkter Zeit

Unsere Epoche neigt sich unaufhaltsam der Nacht zu, die Jugend ist darauf eingestellt, um elf Uhr abends auszugehen, Verabredungen werden für zwei Uhr früh getroffen, für drei Uhr und für noch später, wenn die Zeiger längst vom Ziffernblatt gefallen sind. Ich aber glaube, dass Rom sein Bestes am frühen Morgen gibt.

Aus vielerlei Gründen stehe ich früh auf und gehe hinunter in die Straßen des Viertels: Es ist beinahe niemand unterwegs. Aber mit diesen wenigen versteht man sich anhand eines Blicks: Wir sind die, die das Bedürfnis nach einem Beginn verspüren, die, die eine halbe Stunde Ruhe genießen wollen, ein Stückchen geschenkter Zeit. Kein Lokal hat geöffnet, es gibt keine Schlangen vor den Verkehrsampeln, es gibt nichts zu tun, außer Gehen und die frische Luft einatmen, die sich langsam erwärmt und schmutzig wird.

Witwen mit Hund, Zeitungsverkäufer, den Zigarettenstummel im Mund, Arbeiter, bereit für die Baustelle, Liebende, die aus irgendeinem Haus geschlüpft sind, und dann der Verrückte, der kreist und kreist und wie eine zerbrochene Schallplatte wiederholt: »Ich hab die doch gern gehabt, wirklich gern.« Und dann der Mann, der die Milch bringt, der Pensionist, der nie schläft, der

Fanatische, der in Unterhemd und kurzer Hose läuft und schwitzt, der Typ, der schon um sechs Uhr morgens mit der ganzen Welt zerfallen ist, der Junge, der auf seinem Moped singt, und noch viele andere, alle aber bemerkenswert.

Niemand hat sich vom Chaos der Nacht verwirren lassen, niemand ist gekleidet, als würde er ausgehen: Jeder ist nur er selbst, eine Blase aus Licht, die am frühen Morgen umherstreift. Jeder ist früh aus dem Haus gegangen, weil er etwas ganz besonders Wichtiges zu sagen hat oder weil er in der Nacht einen Biss des Todes verspürte und deshalb Leben atmen will.

Eduardo Galeano

Geschichtenerzähler

In diesen Tagen und an anderen auch feiern ihre Feste die Geschichtenerzähler, die ihre Geschichten ihrem Publikum mit Worten vortragen, sie in die Luft schreiben.

Die Geschichtenerzähler haben zahlreiche Gottheiten, die sie inspirieren und beschützen.

Unter ihnen ist Rafuema, der Großvater, der die Geschichte von der Entstehung des Uitoto-Volkes in der Region Araracuara in Kolumbien erzählte.

Rafuema erzählte, die Uitoto seien aus den Wörtern geboren worden, die ihre Geburt erzählten. Und jedes Mal, wenn er es erzählte, wurden die Uitoto von Neuem geboren.

Hermann Hesse

Stufen

Wie jede Blüte welkt und jede Jugend
Dem Alter weicht, blüht jede Lebensstufe,
Blüht jede Weisheit auch und jede Tugend
Zu ihrer Zeit und darf nicht ewig dauern.
Es muss das Herz bei jedem Lebensrufe
Bereit zum Abschied sein und Neubeginne,
Um sich in Tapferkeit und ohne Trauern
In andre, neue Bindungen zu geben.
Und jedem Anfang wohnt ein Zauber inne,
Der uns beschützt und der uns hilft, zu leben.

Wir sollen heiter Raum um Raum durchschreiten,
An keinem wie an einer Heimat hängen,
Der Weltgeist will nicht fesseln uns und engen,
Er will uns Stuf' um Stufe heben, weiten.
Kaum sind wir heimisch einem Lebenskreise
Und traulich eingewohnt, so droht Erschlaffen,
Nur wer bereit zu Aufbruch ist und Reise,
Mag lähmender Gewöhnung sich entraffen.

Es wird vielleicht auch noch die Todesstunde
Uns neuen Räumen jung entgegen senden,

Des Lebens Ruf an uns wird niemals enden …
Wohlan denn, Herz, nimm Abschied und gesunde!

O Lust des Beginnens!

Bertolt Brecht

O Lust des Beginnens!

O Lust des Beginnens! O früher Morgen!
Erstes Gras, wenn vergessen scheint
Was grün ist! O erste Seite des Buchs
Des erwarteten, sehr überraschende! Lies
Langsam, allzu schnell
Wird der ungelesene Teil dir dünn! Und der erste
Wasserguss
In das verschweißte Gesicht! Das frische
Kühle Hemd! O Beginn der Liebe! Blick, der weg irrt!
O Beginn der Arbeit! Öl zu füllen
In die kalte Maschine! Erster Handgriff und erstes
Summen
Des anspringenden Motors! Und erster Zug
Rauchs, der die Lunge füllt! Und du
Neuer Gedanke!

Paul Nizon

18. März 1997, Paris

Dieses Jahr ist mir das Knospen und das Schlüpfen der Kastanienblätter in den Tuilerien nicht entgangen, ich habe alle Stadien genau verfolgt, ich war, könnte ich sagen, dabei(gewesen). Weiß der Himmel, was die Erregung, was das Glück ist beim Anblick dieser Vorgänge. Bereits wenn sich an den Trieben die dunkelbraunen klebrigen Knospen bilden, verschlägt es mir vor Staunen den Atem wie zu einem Stoßgebet. Warum bin ich von nun an in gestauter Erwartung elektrisiert, als gelte es nicht nur dem Beiwohnen des Wunders, sondern einer zutiefst mich betreffenden Offenbarung? Dann sind Tage später die ersten geplatzten Knospen mit der Spur Innengrün anzutreffen, das Grün von der bezauberndsten Frische, nein Unschuld, das Geburtsgrün! Andeutung von Enthüllung. Es gibt die frühentwickelten Bäume, eine Art Avantgarde, während die meisten dunklen Stämme rundum einzig ihre glänzenden Triebe recken. Doch einige Knospen sind gesprungen, und nun muss ich den ganzen Park ablaufen unter den Kronen inmitten der mächtigen Stämme, ich laufe wie ein Aufseher, wie ein Natur-Geheimagent unter den Stämmen. Anderntags beginnt da und dort das Ausschlüpfen, die gefältelten Blättchen mit dem unaussprechlich jugendfrischen Hellgrün, einem Grün, wie man es nirgends sieht, wie knochenlose Händchen, die sich öffnen. Und am nächsten Tag sind es hängende Blättchen, grün materialisierter Duft. Und sich das Platzen vorzustellen, den lautlosen Knall überall, das Schlüpfen. Das Knospenspringen ist dann wie ein riesiges Knüpfwerk durch den Raum gebreitet, und Tage später stehen die Bäume in ganzen Familien und Heerscharen in grünem Flaum. Es ist das Wunder des Anfangs. Es ist die Geburt der Schönheit.

Es geht mir durch und durch. Ich bin verzaubert. Ich laufe nach Hause und setze mich an die Arbeit, um es dem Werden draußen gleichzutun. Es muss geschehen, es muss jetzt geschehen. Wenn nicht, ist der herrliche Moment verpasst, die Gnadenfrist vertan.

Elisabeth Borchers

Für Maximilian am ersten Schultag

Du gehst, Sechsjähriger,
mit den ernstzunehmenden Büchern
des Beginns auf dem Rücken
um Neues zu lernen

das Abc das Einmaleins
von vielen Geboten: zehn
So fängt es an wie es schon einmal angefangen hat
um immer weiter zu gehn
um zu steigen hoch und höher hinauf
wie ein federleichter wunderlicher Drache
wirst du uns vorkommen der aus ist aufs Steigen
bedacht
ist aufs Fallen
getrieben von den unterschiedlichen Sonnen und
Monden
von Sternzeichen zu Sternzeichen
von System zu System
von A zu O
von den Freuden der Berge
den Mühen der Täler
von Mensch zu Mensch
Wir wünschen dir Reise und Rückkehr.

Eduardo Galeano

Tag der Alphabetisierung

Sergipe im Nordosten Brasiliens: Paulo Freire beginnt eine neue Unterrichtsstunde mit sehr armen Campesinos, die dabei sind, Lesen und Schreiben zu lernen.

»Na, wie geht's, João?«

João schweigt und knüllt seinen Hut zusammen. Langes Schweigen. Dann endlich sagt er:

»Ich hab nicht schlafen können. Hab die ganze Nacht kein Auge zugetan.«

Mehr Worte dringen nicht aus seinem Mund, bis er schließlich murmelt:

»Gestern habe ich zum ersten Mal meinen Namen geschrieben.«

Annie Ernaux

Was wir mit unserem Leben anfangen

In dem räumlichen und zeitlichen Rahmen, den ich mir gesteckt habe – den fünf Monaten an der Fachschule in Rouen –, tauchen die Silhouetten von Schülerinnen auf, immer mehr von ihnen, als würde durch die bewusste Begrenzung ein Lager der Erinnerung geöffnet, das seit Jahrzehnten geschlossen gewesen war. Namen und Gesichter von Mädchen fallen mir wieder ein, bei denen ich mich damals vielleicht fragte, warum sie dort waren und ob sie glücklich waren, an diesem Ort zu sein und Grundschullehrerinnen zu werden.

Die anderen Mädchen in meiner Fachschulklasse, wie nahmen sie mich wahr, was wussten sie über mich, ohne dass ich es ahnte, Annette C aus einem kleinen Dorf, La Vaupalière, Michèle L aus Gravenchon, Annie F aus der Rue des Arsins in Rouen, in der Nähe des Manufrance-Kaufhauses? Inwiefern ist diese Wahrheit der anderen – die nichts ist im Vergleich zu ihrer Unwissenheit, weshalb sie völlig verblüfft sind, wenn sie etwas Bestimmtes über dich erfahren, das hätten wir ja nie gedacht, geglaubt etc. – für mich heute beim Schreiben von Bedeutung? Insofern, als sie konstitutiv war für mein Verhältnis zur Welt in diesem Moment, als wir gemeinsam zur

Schule gingen, als wir alle zur Schar der angehenden Grundschullehrerinnen zählten, zu der ich mich – ahnten sie es? – nie ganz zugehörig fühlte.

»Natürlich habe ich mich dafür entschieden, aber man kann eigentlich nicht sagen, dass ich es wirklich entschieden hätte, findest du nicht, dass wir eher durch die Ereignisse gelenkt werden?« Brief vom Dezember 1959.

Als ich letztes Jahr mit dem Schreiben begann, dachte ich nicht, dass ich mich mit meiner Zeit an der Fachschule aufhalten würde. Aber ich stelle fest, dass ich das Bedürfnis habe, das Mädchen hervorzuholen, das sich zu einem Beruf verpflichtet hatte – für zehn Jahre, so hatte ich es unterschrieben –, der nicht zu ihr passte, kurz gesagt, eine Frage zu stellen, die nur selten in der Literatur gestellt wird: Wie wir alle zu Beginn unseres Lebens damit umgehen, dass wir entscheiden müssen, *was wir mit unserem Leben anfangen,* mit dem Moment der Entscheidung und später mit dem Gefühl, dort zu sein oder nicht dort zu sein, wo man sein sollte?

Es ist Winter. Die Praktikantin, die aus der Grundschule Marie-Houdemare kommt, wäre am liebsten tot. Oder, was dasselbe ist, nicht mehr das Mädchen, zu dem die Lehrerin der ersten Klasse, eine alte Jungfer, in Gegenwart der anderen Praktikantin in hartem Ton gesagt hat, während sie sie aus dunklen Augen anstarrte, woraufhin ihr sofort die Tränen kamen: *Sie haben keine Berufung, Sie sind nicht zur Lehrerin gemacht.* Die Tatsache, dass diese Frau unter den Schülerinnen der Fachschule den Ruf hat, ein Drache zu sein, und alle Mädchen Angst davor haben, ihr als Praktikantin zugeteilt zu werden, ändert nichts an ihrem Entsetzen über die Worte, die sie auf Anhieb als Wahrheit empfindet. Eine Wahrheit, die durchschimmert, obwohl ich alles dafür getan habe, sie zu verbergen, die Unterrichtsstunde im Lesen und Schreiben war gründlich vorbereitet, eine Weihnachtsgeschichte schreiben und dazu Rentiere und eine Hütte im Schnee malen. Was sollte ich mit dieser Wahrheit anfangen – dass ich unfähig bin, nicht gut genug für den Weg, den ich eingeschlagen habe?

Ich sehe das Mädchen in der nahe gelegenen Kirche Saint-Godard Zuflucht suchen, bevor sie zurück zur Schule geht, wo sie auf ihre Klassenkameradinnen trifft, die im Gegensatz zu ihr froh und aufgekratzt sind, weil sie endlich unterrichten und sich frei durch Rouen bewegen dürfen.

Die Lehrprobe an den letzten Tagen des Praktikums – der Prüfer, die Direktorin und die Klassenlehrerin sitzen auf Stühlen vor dem Fenster und unterhalten sich, während ich das Pappschild halte, auf das ich in großen Buchstaben die neuen Wörter im Fach Lesen geschrieben habe – rettet mich nicht. Die beste Schülerin dieser ersten

Klasse, die ich am Ende der Stunde befrage, verwechselt die Verben »sein« und »haben« und antwortet: »Der Hut des Schäfers ist eine Krempe.« Auf dem kleinen enttäuschten Gesicht, kurz davor, wegen des Fehlers in Tränen auszubrechen, lese ich mit Schmerz die Bestätigung meiner Unfähigkeit.

Obwohl ich jahrelang jedes Mal, wenn ich an diese kalte Frau mit den seltsam auseinanderstehenden Augen, schmalen Lippen, gepflegten Zähnen und dem eleganten Auftreten zurückdachte, Lust bekam, sie unter meinem Fuß zu zertreten, muss ich doch zugeben, dass ihr Urteil – das in diesem Moment grausam war – mich vielleicht nicht direkt gerettet, mir aber viel Zeit gespart hat. Sie gehört zu den Menschen – die oft nicht die freundlichsten waren –, von denen ich glaube, dass sie, ohne es zu wissen, den Lauf meines Lebens verändert haben.

Elena Ferrante

Lila und Lenù

Als Lila und ich uns entschlossen, die dunkle Treppe nach oben zu steigen, die, Stufe für Stufe, Absatz für Absatz, zu Don Achilles Wohnungstür führte, begann unsere Freundschaft.

Ich erinnere mich noch an das violette Licht im Hof, an die Gerüche dieses lauen Frühlingsabends. Unsere Mütter kochten das Abendessen, es war Zeit, nach Hause zu gehen, doch wir trödelten und stachelten uns zu Mutproben an, ohne dabei auch nur ein Wort zu wechseln. Seit einer Weile taten wir nichts anderes, in der Schule und außerhalb. Lila steckte ihre Hand und den ganzen Arm in den schwarzen Schlund eines Gullylochs, und ich tat es kurz darauf auch, mit Herzklopfen und in der Hoffnung, dass die Kakerlaken nicht auf meiner Haut hochkrabbelten und die Ratten mich nicht bissen. Lila kletterte bei Signora Spagnuolo im Erdgeschoss am Fenster hoch, hängte sich an die Eisenstange für die Wäscheleine, schaukelte und ließ sich auf den Gehsteig fallen, und ich tat es kurz darauf auch, voller Angst, herunterzufallen und mir wehzutun. Lila nahm eine rostige Sicherheitsnadel, die sie irgendwann auf der Straße gefunden hatte und in ihrer Tasche mit sich herumtrug wie das Geschenk einer guten Fee, schob sie sich unter die Haut, und ich sah zu, wie die Metallspitze einen weißlichen Tunnel in ihre Handfläche grub. Als sie die Nadel herauszog und sie mir gab, tat ich es ihr nach.

Eines Tages warf sie mir ihren typischen Blick zu, diesen entschlossenen, mit zusammengekniffenen Augen, und steuerte auf das Haus zu, in dem Don Achille wohnte. Ich war starr vor Schreck. Don Achille war der Unhold aus den Märchen, ich hatte das strikte Verbot, mich ihm zu nähern, mit ihm zu sprechen, ihn anzusehen oder ihm nachzuspionieren, wir sollten so tun, als gäbe es weder ihn noch seine Familie. Bei mir zu Hause, aber nicht nur dort, löste er Angst und Hass aus, ohne dass ich den Grund dafür kannte. Mein Vater sprach in einer Weise von ihm, dass ich ihn mir plump vorstellte, mit rotblauen Pusteln übersät, ein Wüterich trotz des »Don«, das ich sonst immer mit einer ruhigen Autorität verband. Er war ein Wesen aus einem unergründlichen Stoff, Eisen, Glas, Brennnesseln, doch feurig, mit einem glühend heißen Atem, der ihm aus Mund und Nase drang. Ich glaubte, selbst wenn ich ihn nur aus der Ferne sähe, würde mir etwas Scharfes, Brennendes in die Augen fahren. Und wäre ich so verrückt, mich seiner Tür zu nähern, würde er mich töten.

Ich wartete eine Weile, um zu sehen, ob Lila es sich anders überlegte und umkehrte. Ich wusste, was sie vorhatte, vergeblich hatte ich gehofft, sie würde es vergessen, doch nein. Die Straßenlaternen brannten noch nicht und auch das Treppenlicht nicht. Aus den Wohnungen drangen gereizte Stimmen. Um Lila zu folgen, musste ich den bläulichen Schimmer des Hofes verlassen und in das Schwarz des Hauseingangs tauchen. Als ich mich endlich dazu entschloss, sah ich zunächst nichts. Ich spürte nur den Geruch nach altem Plunder und DDT. Dann gewöhnte ich mich an die Dunkelheit und sah Lila auf der ersten Stufe des untersten Treppenabschnitts sitzen. Sie stand auf, und wir begannen mit unserem Aufstieg.

Wir hielten uns an der Wandseite, ich zwei Stufen hinter ihr und unschlüssig, ob ich den Abstand verringern oder vergrößern sollte. Ich erinnere mich noch an das Gefühl an meiner Schulter, als ich die Wand mit dem abblätternden Putz streifte, und an den Eindruck, dass die Stufen sehr hoch waren, höher als die des Hauses, in dem ich wohnte. Ich zitterte. Jedes Geräusch – Schritte oder Stimmen – war Don Achille, der uns einholte oder uns entgegenkam, mit einem großen Messer, so einem, mit dem man Hühnern die Brust aufschlitzt. Es roch nach frittiertem Knoblauch. Maria, Don Achilles Frau, würde mich mit siedendem Öl in der Pfanne braten, seine Kinder würden mich verschlingen, und er würde meinen Kopf auslutschen, wie mein Vater es mit den Meerbarben tat.

Wir blieben oft stehen, und jedes Mal hoffte ich, dass Lila sich zur Umkehr entschloss. Ich war vollkommen durchgeschwitzt, ob sie auch, weiß ich nicht. Manchmal schaute sie nach oben, doch wohin genau, konnte ich nicht erkennen, nur das Grau der großen Fenster auf jedem Absatz war zu sehen. Plötzlich ging das Licht an. Es war funzlig, staubig und ließ weite Bereiche voller Gefahr im Schatten liegen. Wir warteten, um zu ergründen, ob es Don Achille gewesen war, der am Lichtschalter gedreht hatte, doch wir hörten nichts, weder Schritte noch eine Tür, die sich öffnete oder schloss. Lila ging weiter und ich hinterher.

Sie war davon überzeugt, etwas Richtiges und Notwendiges zu tun. Ich hatte jeden guten Grund vergessen und war garantiert nur dort, weil sie dort war. Langsam gingen wir dem größten unserer damaligen Schrecken entgegen. Wir stellten uns der Angst und spürten ihr nach.

Auf der vierten Treppe tat Lila etwas Überraschendes. Sie blieb stehen, wartete auf mich, und als ich zu ihr kam, griff sie nach meiner Hand. Das änderte alles zwischen uns, für immer.

Amos Oz

Ein neuer Staat

Während des Abendessens erklärte Vater, bei der Vollversammlung der Vereinten Nationen, die am 29. November in Lake Success bei New York zusammentreten werde, sei eine Mehrheit von mindestens zwei Dritteln der Stimmen erforderlich, damit die Empfehlung der UNSCOP angenommen würde, auf dem britischen Mandatsgebiet zwei Staaten, einen jüdischen und einen arabischen, zu errichten. Die Staaten des muslimischen Blocks würden, gemeinsam mit den Briten, alles in ihren Kräften Stehende unternehmen, um das Zustandekommen einer solchen Mehrheit zu verhindern. Nach ihrem Willen sollte das ganze Land ein arabischer Staat unter britischem Patronat werden, so wie andere arabische Staaten, darunter Ägypten, Transjordanien und der Irak, de facto unter britischer Schutzherrschaft ständen. Dagegen setze sich Präsident Truman, im Widerspruch zu seinem Außenministerium, für die Annahme des Teilungsplans ein.

Stalins Sowjetunion hatte sich überraschend den Vereinigten Staaten angeschlossen und unterstützte jetzt ebenfalls die Gründung eines Staates für die Juden neben einem Staat für die Araber: Möglicherweise sah Stalin voraus, dass der Teilungsbeschluss einen langjährigen und blutigen Konflikt in der Region nach sich ziehen würde, einen Konflikt, der es ihm ermöglichen würde, im britischen Einflussgebiet im Nahen Osten Fuß zu fassen, in unmittelbarer Nähe der Erdölfelder und des Suezkanals. Verschlungene Großmachtüberlegungen verquickten sich miteinander und kreuzten sich offenbar mit religiösen Gelüsten: Der Vatikan hoffte, entscheidenden Einfluss in Jerusalem zu gewinnen, das laut dem Teilungsplan internationaler Verwaltung unterstellt werden sollte, das heißt: weder muslimischer noch jüdischer Oberhoheit. Moralische und sentimentale Erwägungen gingen mit eigensüchtigen und zynischen Erwägungen einher: Einige europäische Regierungen begrüßten die Möglichkeit, das jüdische Volk für den Verlust eines Drittels seiner Söhne und Töchter durch deutsche Mörderhand sowie für die generationenlangen Verfolgungen wenigstens etwas zu entschädigen. Allerdings verachteten diese wohlmeinenden Staaten auch nicht die Aussicht, die Hunderttausende entwurzelter und mittelloser osteuropäischer Juden, die seit Deutschlands Niederlage vielerorts in Flüchtlingslagern vegetierten, auf diese Weise umleiten zu können, fernab von ihrem eigenen Staatsgebiet und fernab von Europa.

Bis zum tatsächlichen Abstimmungszeitpunkt war schwer vorauszusehen, wie das Ergebnis ausfallen würde: Druck- und Lockmittel, Drohungen und Intrigen, sogar Bestechung wurden eingesetzt, um die Abstimmung dreier oder vierer kleiner Republiken in Lateinamerika und im Fernen Osten in die eine oder andere Richtung zu beeinflussen, Staaten, deren Stimmen für den Ausgang entscheidend sein konnten. Die chilenische Regierung, ursprünglich gewillt, den Teilungsplan zu unterstützen, gab schließlich arabischem Druck nach und beauftragte ihren UNO-Vertreter, dagegen zu votieren. Haiti erklärte seine Absicht, mit Nein zu stimmen. Die griechische Regierung neigte zur Stimmenthaltung, beschloss jedoch ebenfalls im letzten Moment, sich der arabischen Seite anzuschließen. Der philippinische Delegierte wollte sich nicht festlegen. Paraguay zögerte, und sein UNO-Vertreter, Dr. César Acosta, klagte, er erhalte keine klaren Anweisungen von seiner Regierung. In Siam fand ein Umsturz statt, und die neue Regierung rief ihre UNO-Abordnung zurück, ohne eine andere zu entsenden. Liberia wiederum versprach seine Unterstützung. Haiti änderte seine Meinung, unter amerikanischem Druck, und beschloss, mit Ja zu stimmen. Bei uns hingegen, in der Amos-Straße, in Herrn Austers Lebensmittelladen oder im Zeitungs- und Schreibwarengeschäft von Herrn Kaleko, wusste man von einem schönen arabischen Diplomaten zu berichten, der das Herz der Vertreterin eines kleinen Staates erobert und sie dazu bewegt hatte, gegen den Teilungsplan zu stimmen, obwohl die Regierung ihres Landes den Juden ihre Unterstützung zugesagt hatte. »Aber auf der Stelle«, erzählte fröhlich Herr Kolodny von der Druckerei Kolodny, »auf der Stelle hat man einen wendigen Juden losgeschickt, damit er hinläuft und dem Mann der verliebten Diplomatin alles erzählt, und hat eine wendige Jüdin losgeschickt, um der Frau des Don Juan vom Diplomatischen Corps alles zu erzählen, und falls auch das nichts fruchten sollte – haben sie noch etwas für die beiden vorbereitet …« (und hier wechselte das Gespräch ins Jiddische, damit ich nichts verstehen sollte).

Am Schabbatvormittag, hieß es, würden alle Delegierten der Vollversammlung an einem Ort namens Lake Success zusammenkommen und über unser Schicksal entscheiden: »Wem Leben und wem Untergang beschieden ist!«, sagte Herr Abramsky. Frau Tosia Krochmal holte unterdessen die Verlängerungsschnur der elektrischen Nähmaschine aus der Puppenklinik ihres Mannes, damit die Lembergs ihr schweres schwarzes Rundfunkgerät hinaustragen und auf den Balkontisch stellen konnten. (Es war das einzige Radiogerät in der Amos-Straße, wenn nicht das einzige in ganz Kerem Avraham.) Dort, auf dem Balkon der Lembergs, würde man das Gerät auf volle Lautstärke drehen, und wir alle würden uns versammeln – bei den Lembergs, im Hof, auf der Straße, auf dem Balkon der Wohnung über ihnen und den Balkonen gegenüber, und so könnte die ganze Straße die »laufende Sendung« mithören (so nannte man damals auf Hebräisch die Direktübertragung), damit wir erführen, wie die Entscheidung ausfiele und was die Zukunft für uns bereithielte (»wenn es nach diesem Schabbat überhaupt noch eine Zukunft gibt«).

»Lake Success«, sagte Vater, »bedeutet übersetzt ›See des Erfolgs‹, das heißt, es ist das Gegenteil von dem Tränenmeer, das für Bialik das Schicksal unseres Volkes symbolisiert. Und Eurer Hoheit«, fügte er hinzu, »werden wir diesmal entschieden erlauben, an dem Ereignis teilzunehmen, im Rahmen der neuen Position Eurer Hoheit als Zeitungsleser par excellence und als militärischer und politischer Kommentator.«

Mutter sagte: »Ja, aber mit Pullover. Es ist schon kalt.«

Doch am Schabbatmorgen stellten wir fest, dass die schicksalsentscheidende Beratung, die in Lake Success für nachmittags anberaumt war, bei uns erst am Schabbatausgang beginnen würde, wegen des Zeitunterschieds zwischen New York und Jerusalem. Oder vielleicht auch, weil Jerusalem ein so entlegener Ort war, fernab der großen Welt, hinter den Bergen und in weiter Ferne, so dass alles, was in der großen Welt geschah, zu uns immer nur als schwacher Widerhall drang, als blasses Echo eines Echos, und selbst das immer mit erheblicher Verspätung. Die Abstimmung, so rechnete man bei uns aus, würde nach Jerusalemer Zeit erst sehr spät stattfinden, kurz vor Mitternacht, zu einer Uhrzeit, an der dieser

Junge längst im Bett sein müsse, denn auch morgen müsse man ja aufstehen und zur Schule gehen.

Zwischen Vater und Mutter gab es daher einen schnellen Wortwechsel, eine kurze Verhandlung in tschepschenischem Polnisch oder tschanichatschujischem Russisch, an deren Ende Mutter sagte: »Vielleicht solltest du heute Abend tatsächlich wie gewohnt schlafen gehen, und Vater und ich setzen uns auf den Hof, nahe an den Zaun, um die Sendung von Familie Lembergs Balkon mitzuhören, und wenn das Ergebnis gut ausfällt, wecken wir dich selbst um Mitternacht und erzählen es dir. Das versprechen wir.«

Nach Mitternacht, gegen Ende der Abstimmung, wachte ich auf. Mein Bett stand unter dem Fenster, das zur Straße hinaus ging, und ich brauchte mich nur aufzusetzen, mich hinzuknien und durch die Ladenritzen zu spähen. Ich erschrak: Wie in einem Angsttraum standen eng gedrängt, schweigend und reglos im gelblichen Schein der Straßenlaterne Massen aufrechter Schatten in unserem Hof, in den Nachbarhöfen, auf den Bürgersteigen, auf der Straße, wie eine riesige, stumme Gespensterversammlung im fahlen Licht, auf allen Balkonen, Hunderte von Männern und Frauen, die nicht einen einzigen Ton von sich gaben, Nachbarn, Bekannte und Fremde, einige in Schlafanzügen, andere mit Jackett und Krawatte, hier und da sah ich Männer mit Hüten oder Schirmmützen, barhäuptige Frauen und Frauen mit Morgenrock und Kopftuch, manche hatten schläfrige Kinder auf die Schultern genommen, und am Rand der Menge saß eine alte Frau auf einem Schemel oder ein hochbetagter Mann, den man mit seinem Stuhl auf die Straße hinausgetragen hatte.

Diese ganze große Menge wirkte wie versteinert in der beängstigenden Nachtstille, als wären es gar keine wirklichen Menschen, sondern Hunderte von dunklen Schattenrissen vor dem Hintergrund der flimmernden Finsternis. Als wären alle im Stehen gestorben. Kein Wort, kein Husten, kein Schrittgeräusch. Keine Mücke summte dort. Nur die tiefe, raue Stimme des amerikanischen Sprechers drang aus dem voll aufgedrehten Radio und ließ die Nachtluft erzittern, oder vielleicht war es die Stimme des Brasilianers Oswaldo Aranha, des Präsidenten der Vollversammlung. Einen nach dem anderen rief er die Namen der letzten Staaten in der Liste auf, nach dem englischen Alphabet, und donnerte die Antwort der betreffenden Delegierten sofort in sein Mikrofon: United Kingdom: abstains. Union of Soviet Socialist Republics: yes. United States: yes. Uruguay: yes. Venezuela: yes. Yemen: no. Yugoslavia: abstains.

Damit verstummte die Stimme mit einem Schlag. Und abrupt senkte sich außerirdische Stille herab und ließ die ganze Szene erstarren, ein schreckerfülltes, unheilschwangeres Schweigen trat ein, das Schweigen einer riesigen, den Atem anhaltenden Menschenmenge, wie ich es sonst niemals gehört habe, nicht vor dieser Nacht und nicht nach dieser Nacht.

Bis die tiefe, etwas heisere Stimme aus dem Rundfunkgerät erneut die Luft erzittern ließ und in trockenrauem, aber auch freudigem Ton zusammenfasste: Dreiunddreißig Jastimmen. Dreizehn Neinstimmen. Zehn Enthaltungen, und ein Staat ist der Versammlung ferngeblieben. Der Vorschlag ist angenommen.

Und damit ging seine Stimme in einem Brüllen unter, das aus dem Radio brach, über den freudetrunkenen Tribünen im Saal in Lake Success aufbrandete, und nach weiteren zwei, drei Sekunden der Verblüffung, der dürstend geöffneten Lippen und weit aufgerissenen Augen, brüllte mit einem Schlag auch unsere entlegene Straße am Rand von Kerem Avraham im Norden Jerusalems, in einem ersten furchtbaren Schrei, der die Finsternis, die Häuser und die Bäume zerriss, sich selbst durchbohrte, kein Schrei der Freude, ganz anders als das Brüllen der Massen im Stadion, als das Aufbrausen der Begeisterung irgendwelcher euphorischer Menschenmengen, vielleicht ein Angst- und Entsetzensschrei, ein unheilschwangerer Aufschrei, ein Schrei, der Steine erschütterte und das Blut in den Adern gefrieren ließ, als hätte sich für alle bereits Getöteten und alle, die noch getötet werden würden, in diesem einen Augenblick ein Fenster zum Aufschreien geöffnet, das gleich wieder zuschlug, und schon im nächsten Moment lösten diesen ersten Schrei des Grauens laute Freudenrufe ab, ein wildes Gewirr von heiseren Schreien und »Das Volk Israel lebt«, und jemand versuchte, die Nationalhymne anzustimmen, und dazu Frauengekreisch und Händeklatschen und »Hier im Land, das den Vätern so kostbar«, und die ganze Menge begann sich langsam, langsam um sich selbst zu drehen, als würde sie von einer riesigen Mischmaschine durchgerührt, und es gab kein Erlaubt und Verboten mehr, ich sprang in die Hose, ignorierte jedoch Hemd und Pullover, schoss mit einem Satz zur Tür hinaus, und die Hände irgendeines Nachbarn oder Fremden hoben mich hoch, damit ich nicht zertrampelt würde, und reichten mich weiter, von Hand zu Hand zu Hand, bis ich auf den Schultern meines Vaters landete, an unserem Hoftor: Mein Vater und meine Mutter standen dort eng umschlungen, aneinandergeschmiegt wie zwei verlorene Kinder im Wald, so wie ich sie sonst nie gesehen habe, nicht vor dieser Nacht und nicht nach dieser Nacht, und ich war einen Moment mitten zwischen ihnen in der Umarmung und gleich darauf wieder auf Vaters Schultern, und er, mein hochgebildeter, wohlerzogener Vater stand dort und schrie aus voller Brust, nicht Worte, nicht Wortspiele, keine zionistischen Parolen und keine Jubelrufe, sondern einen langen, nackten Schrei wie vor der Erfindung der Worte.

Aber andere sangen dort bereits, die ganze Menschenmenge sang, »Glaub mir, es kommt der Tag« oder »Hier im Land, das den Vätern so kostbar« oder »Zion, meine Geliebte« oder »In den Bergen, in den Bergen ist unser Licht erstrahlt« oder »Von Metulla bis zum Negev«, aber mein Vater, der nicht singen konnte, vielleicht nicht einmal die Texte dieser Lieder kannte, mein Vater blieb nicht still, sondern schrie aus voller Lunge sein langes Aaaahhhh, und als ihm die Luft ausging, holte er erneut Atem, wie ein Ertrinkender, und schrie weiter, dieser Mann, der ein berühmter Professor werden wollte und dessen auch würdig war, jetzt aber ganz und gar nur Aaaahhhh war. Und ich sah verblüfft, wie Mutters Hand ihm über den verschwitzten Kopf und über den Nacken strich, und sofort spürte ich ihre Hand auch auf meinem Kopf und auf meinem Rücken, denn vielleicht hatte auch ich unwillkürlich den Mund aufgemacht, um meinem Vater schreien zu helfen, und meine Mutter streichelte wieder und wieder uns beide, vielleicht, um uns zu beruhigen, oder vielleicht auch nicht, um uns zu beruhigen, vielleicht aus dem tiefen Wunsch heraus, an seinem und meinem Schrei teilzuhaben, an dem der ganzen Straße und dem des ganzen Viertels und dem der ganzen Stadt und dem des ganzen Landes wollte diesmal vielleicht auch meine traurige Mutter Anteil nehmen. (Nein, es handelte sich eindeutig nicht um die ganze Stadt, sondern nur um alle jüdischen Viertel, denn Scheich Dscharrach und Katamon und Baka und Talbieh hörten uns doch in jener Nacht bestimmt und hüllten sich in Schweigen, das sehr dem angstvollen Schweigen ähnelte, das auf allen jüdischen Vierteln gelastet hatte, ehe das Abstimmungsergebnis bekanntgegeben worden war. Im Hause Silwani in Scheich Dscharrach und in Aischas Zuhause in Talbieh und im Haus des Mannes aus dem Damenbekleidungsgeschäft, des geliebten Geppetto mit den schweren Tränensäcken unter den mitfühlenden Augen, dort freuten sie sich nicht in jener Nacht. Sie hörten die Jubelrufe aus den Straßen der Juden, standen vielleicht am Fenster und blickten auf die paar Freudenfeuerwerkskörper, die das Himmelsdunkel zerrissen, pressten die Lippen zusammen und schwiegen. Sogar die Papageien schwiegen. Und es schwieg der Springbrunnen im Gartenbecken. Obwohl weder Katamon noch Talbieh noch Baka wussten, nicht wissen konnten, dass sie fünf Monate später unversehrt, aber leer in jüdische Hände übergehen sollten und sich in all den rötlichen Steinhäusern mit den Bogenfenstern und den Villen mit den vielen Gesimsen und Bögen neue Bewohner einrichten würden.)

Und danach gab es in der Amos-Straße und in ganz Kerem Avraham und in allen jüdischen Stadtvierteln Tanz und Tränen, und die ersten Fahnen und Spruchbänder tauchten auf, und Autos hupten laut. »Traget gen Zion Fahne und Banner« und »Hier im Land, das den Vätern so kostbar«, und aus allen Synagogen drang Schofarblasen, und Torarollen wurden aus ihren Schreinen gehoben und in die Kreise der Tanzenden hinausgetragen, »Gott wird Galiläa wiedererbauen« und »Schaut und seht, wie groß ist dieser Tag« erklangen, und noch später, lange nach Mitternacht, öffnete plötzlich Herrn Austers Lebensmittelladen, und alle Kioske machten auf, in der Zefanja- und in der Ge'ula- und in der Chancellor- und in der Jaffa- und in der King-George-Straße, und die Bars in der ganzen Stadt öffneten und verteilten bis zum Morgengrauen umsonst Erfrischungsgetränke, Süßigkeiten, Backwaren und auch Alkoholisches, und von Hand zu Hand und von Mund zu Mund gingen die Flaschen mit Saft, Bier und Wein, und Fremde umarmten einander auf der Straße und küssten einander mit Tränen in den Augen, und verblüffte englische Polizisten wurden ebenfalls in die Tanzrunden gezerrt und mit Bierdosen und süßen Likören erweicht, und begeistert Feiernde erklommen Panzerwagen der britischen Armee und hissten darauf Flaggen des Staates, der noch gar nicht entstanden war, der aber nach der Entscheidung heute Nacht dort, in Lake Success, würde entstehen dürfen. Und entstehen sollte er auch einhundertsiebenundsechzig Tage und Nächte später, am Freitag, dem 14. Mai 1948, aber einer aus jedem Hundert der jüdischen Bevölkerung, einer aus jedem Hundert von Männern, Frauen, Alten, Kindern und Babys, einer aus jedem Hundert der Tanzenden, Feiernden, Trinkenden und

Freudentränen Vergießenden, ein ganzes Prozent des jene Nacht auf den Straßen jubelnden und lärmenden Volks, würde sterben in dem Krieg, den die Araber knapp sieben Stunden nach der Entscheidung der Vollversammlung in Lake Success begannen. Und nach Abzug der britischen Streitkräfte sollten ihnen die Truppen der Arabischen Liga zu Hilfe kommen, Infanterie, Panzer, Artillerie, Kampfflugzeuge und Bomber, von Süden und von Osten und von Norden sollten die Invasionstruppen aus fünf arabischen Staaten ins Land einfallen, in der Absicht, diesem Staat innerhalb von ein oder zwei Tagen nach seiner Ausrufung ein Ende zu machen.

Aber Vater sagte zu mir, als wir dort, in der Nacht des 29. November 1947, ich auf seinen Schultern, zwischen den Kreisen der Jubelnden und Tanzenden dahintrieben, nicht als Aufforderung an mich sagte er dies, sondern als ein Wissender, der zur unverrückbaren Tatsache erklärt, was er weiß: Schau dir das an, mein Junge, schau dir das sehr gut an, mein Sohn, mit sieben Augen schau dir bitte all dies an, denn diese Nacht, Kind, wirst du bis an dein Lebensende nicht vergessen, und von dieser Nacht wirst du noch deinen Kindern, Enkeln und Urenkeln erzählen, wenn wir schon lange nicht mehr da sind.

Gegen Morgen, zu einer Zeit, zu der ein Kind unter allen Umständen längst in seinem Bett schlafen sollte, vielleicht um drei oder vier Uhr, kroch ich angezogen im

Dunkeln unter meine Decke. Und etwas später hob Vaters Hand im Dunkeln meine Bettdecke hoch, nicht um mit mir zu schimpfen, weil ich angezogen im Bett lag, sondern um zu mir zu kommen und sich neben mich zu legen, auch er in seiner Straßenkleidung, die schweißgetränkt vom Treiben in der dichten Menge war, genau wie meine (und dabei galt bei uns doch ein ehernes Gesetz: Niemals, in keinem Fall und unter keinen Umständen, schlüpft man in Tageskleidern zwischen die Laken). Vater lag ein paar Minuten neben mir und schwieg, obwohl er ja normalerweise jedes Schweigen verabscheute und eilig verscheuchte. Aber diesmal störte er das Schweigen zwischen uns nicht, sondern nahm daran teil und blieb still, nur seine Hand streichelte leicht meinen Kopf. Als hätte Vater sich in diesem Dunkel in Mutter verwandelt.

Dann erzählte er mir flüsternd, ohne mich auch nur ein einziges Mal »Eure Hoheit« oder »Euer Ehren« zu nennen, was ihm und seinem Bruder David Straßenjungen in Odessa angetan hatten und was ihm gojische Jungs im polnischen Gymnasium in Wilna angetan hatten, und auch die Mädchen hätten mitgemacht, und als am nächsten Tag sein Vater, Großvater Alexander, in die Schule gekommen sei, um sich zu beschweren, hätten ihm die Rowdys nicht etwa die zerrissene Hose wiedergegeben, sondern seien vor seinen Augen auch über seinen Vater, den Großvater, hergefallen, hätten ihn mit

Gewalt aufs Pflaster geworfen und auch ihm mitten auf dem Schulhof die Hose ausgezogen, und die Mädchen hätten gelacht und unflätig dahergeredet, die Juden seien alle so und so, und die Lehrer hätten zugesehen und nichts gesagt oder vielleicht sogar mitgelacht.

Und noch immer im Ton der Dunkelheit, während seine Hand weiter durch mein Haar irrte (denn er war das Streicheln nicht gewohnt), sagte mir mein Vater unter meiner Bettdecke gegen Morgen, früh am 30. November 1947: »Bestimmt werden auch dir noch öfter irgendwelche Rowdys auf der Straße oder in der Schule zusetzen. Möglicherweise werden sie das deshalb tun, weil du mir ein bisschen ähnlich bist. Aber von jetzt an, von dem Augenblick, in dem wir unseren eigenen Staat haben werden, von nun an werden dir Rowdys niemals mehr deswegen zusetzen, weil du Jude bist und weil die Juden so und so sind. Das – nicht. Niemals. Von dieser Nacht an ist hier Schluss damit. Schluss für immer.«

Und ich streckte schläfrig die Hand aus, um sein Gesicht zu berühren, etwas unterhalb seiner hohen Stirn, und statt der Brille spürten meine Finger plötzlich Tränen. Kein einziges Mal in meinem Leben, nicht vor dieser Nacht und nicht nach dieser Nacht, nicht einmal beim Tod meiner Mutter, habe ich meinen Vater weinen gesehen. Und eigentlich auch in jener Nacht nicht: Es war dunkel im Zimmer. Nur meine linke Hand hat es gesehen.

Ziemlich viel Glück

Rainer Maria Rilke
Liebesanfang

O Lächeln, erstes Lächeln, unser Lächeln.
Wie war das Eines: Duft der Linden atmen,
Parkstille hören –, plötzlich in einander
aufschaun und staunen bis heran ans Lächeln.

In diesem Lächeln war Erinnerung
an einen Hasen, der da eben drüben
im Rasen spielte; dieses war die Kindheit
des Lächelns. Ernster schon war ihm des Schwanes
Bewegung eingegeben, den wir später
den Weiher teilen sahen in zwei Hälften
lautlosen Abends. – Und der Wipfel Ränder
gegen den reinen, freien, ganz schon künftig
nächtigen Himmel hatten diesem Lächeln
Ränder gezogen gegen die entzückte
Zukunft im Antlitz.

Elena Ferrante

Das erste Mal

Vor einer Weile nahm ich mir vor, über meine ersten Male zu schreiben. Ich listete eine ganze Reihe auf: mein erster Blick aufs Meer, meine erste Flugreise, mein erster Vollrausch, meine erste Liebe, mein erster Sex. Dieses Vorhaben war ebenso schwierig wie sinnlos. Wie hätte es auch anders sein können? Wir betrachten jedes erste Mal mit einer übertriebenen Nachsicht. Naturgemäß beruht es auf Unerfahrenheit, wird schnell von allen anderen dann folgenden Malen überlagert und hat keine Zeit, eine eigenständige Form zu entwickeln. Trotzdem erinnern wir uns mit Wohlwollen, mit Wehmut daran und schreiben ihm die Kraft des Einzigartigen zu. Wegen dieses in der Natur der Sache liegenden Widerspruchs geriet mein Vorhaben schnell ins Schlingern, doch endgültig Schiffbruch erlitt es erst, als ich versuchte, wahrheitsgetreu von meiner ersten Liebe zu erzählen. In diesem besonderen Fall kramte ich lange in meinem Gedächtnis nach aussagekräftigen Details und entdeckte auch wirklich nur wenige. Er war sehr groß, sehr dünn, und ich fand, dass er gut aussah. Er war siebzehn, ich fünfzehn. Wir trafen uns jeden Abend um sechs. Wir gingen in eine stille Gasse hinter dem Busbahnhof. Er unterhielt sich mit mir, aber nicht viel, küsste mich, aber nicht oft, streichelte mich, aber nicht viel. Er wollte vor allem, dass ich ihn streichelte. Eines Abends – war es Abend? – küsste ich ihn so, wie ich mir einen Kuss von ihm gewünscht hätte. Ich tat es mit einer so gierigen, schamlosen Intensität, dass ich danach beschloss, ihn nie wiederzusehen. Allerdings wusste ich später nicht, ob diese Begebenheit – das Kernstück meiner Geschichte – wirklich zu diesem Treffen gehörte oder zu einer anderen, späteren Liebelei. Und war er wirklich so groß gewesen? Und hatten wir uns wirklich hinter dem Busbahnhof getroffen? Am Ende stellte ich fest, dass mir von meiner ersten Liebe hauptsächlich meine Verwirrung deutlich im Gedächtnis geblieben war. Ich liebte diesen Jungen dermaßen, dass mir bei seinem Anblick jede Wahrnehmung der Welt abhandenkam und ich kurz davor war, in Ohnmacht zu fallen, nicht aus Schwäche, sondern aus einem Überschuss an Energie. Nichts war mir genug, ich wollte mehr, und es überraschte mich, dass er mich dagegen plötzlich entbehrlich fand und sich, nachdem er mich so begehrt hatte, aus dem Staub machte, als wäre ich wertlos geworden.

Na gut, dachte ich mir, dann schreibst du eben darüber, wie unzulänglich und rätselhaft die erste Liebe alles in allem ist. Aber je mehr ich daran feilte, desto mehr Unklarheiten, Ängste und Unzufriedenheit stellten sich ein. Folglich sträubte sich mein Schreiben, tendierte dazu, Lücken zu füllen und dem Ganzen die stereotype Melancholie der verlorenen Jugend anzuheften. Da sagte ich mir: Schluss mit der Geschichte von den ersten Malen. Was wir am Anfang waren, ist nur ein verschwommener Farbklecks, vom Rand dessen aus betrachtet, was wir geworden sind.

F. Scott Fitzgerald

Liebe in der Nacht

Die Worte erregten Val. Sie waren ihm irgendwann während des frischen goldenen Aprilnachmittags in den Sinn gekommen, und in Gedanken wiederholte er sie immer wieder: »Liebe in der Nacht; Liebe in der Nacht.« Er probierte sie in drei Sprachen aus – Russisch, Englisch und Französisch – und entschied sich für Englisch. In jeder Sprache bedeuteten die Worte eine andere Art von Liebe und eine andere Art von Nacht, und die englische Nacht kam ihm am wärmsten und weichsten vor, mit dem dünnsten und kristallensten Sternenschimmer. Die englische Liebe kam ihm am zerbrechlichsten und romantischsten vor – ein weißes Kleid und darüber ein verwischtes Gesicht mit Augen wie Brunnen aus Licht. Und wenn ich hinzufüge, dass die Nacht, die ihm solche Gedanken eingab, schließlich und endlich eine französische Nacht war, wird mir klar, dass ich weiter ausholen und mit dem Anfang beginnen muss.

Val war halb Russe und halb Amerikaner. Seine Mutter war die Tochter jenes Morris Hasylton, der 1892 die Weltausstellung in Chicago mitfinanziert hatte, und sein Vater war – sehen Sie ruhig im Gotha von 1910 nach – Fürst Paul Sergej Boris Rostow, Sohn des Fürsten Vladimir Rostow, Enkel eines Großherzogs – genannt

Sergej mit dem kantigen Kinn – und Cousin des Zaren um drei Ecken. Man sieht, auf dieser Seite war alles ziemlich eindrucksvoll, Stadtpalais in Sankt Petersburg, Jagdhütte in der Nähe von Riga und eine dicke, fette Villa, fast schon ein Palast, mit Blick auf das Mittelmeer. In dieser Villa in Cannes verbrachten die Rostows den Winter, und Fürstin Rostow hätte es nicht besonders amüsant gefunden, daran erinnert zu werden, dass diese Villa an der Riviera, vom Marmorspringbrunnen – nach Bernini – bis zu den vergoldeten Likörgläsern – nach dem Abendessen – mit amerikanischem Geld gekauft worden war.

Die Russen waren in der ausgelassenen Zeit vor dem Krieg besonders fröhlich. Von den drei Völkern, denen Südfrankreich als Lustgarten diente, waren sie dasjenige, dessen hochherrschaftliches Auftreten am natürlichsten wirkte. Die Engländer waren zu pragmatisch, die Amerikaner waren zwar freigebig, besaßen aber keine romantische Tradition. Die Russen hingegen – ein Volk, das sich so ritterlich benahm wie die Südländer und außerdem noch reich war! Wenn die Rostows gegen Ende Januar in Cannes eintrafen, bestellten die Restaurants telegraphisch in nördlicheren Regionen die Lieblingsetiketten des Fürsten, um sie auf ihre Champagnerflaschen zu kleben, und die Juweliere legten unvorstellbar prachtvolle Schmuckstücke beiseite, um sie ihm zu zeigen (aber nicht der Fürstin), und die russisch-orthodoxe

Kirche wurde für die Feiertage gekehrt und geschmückt, damit der Fürst orthodoxe Vergebung für seine Sünden erbitten konnte. Sogar das Mittelmeer war so entgegenkommend, an den Frühlingsabenden die Farbe dunklen Weins anzunehmen, und Fischerboote mit rotkehlchenfarbenen Segeln schaukelten entzückend vor dem Ufer.

Undeutlich war Val bewusst, dass all das für ihn und seine Familie geschah. Die kleine weiße Stadt am Wasser, in der er die Freiheit hatte, zu tun, was ihm gefiel, weil er reich und jung war und das Blut Peters des Großen indigoblau in seinen Adern rann, war das Paradies der Privilegierten. Im Jahr 1914, in dem diese Geschichte beginnt, war er erst siebzehn Jahre alt, doch er hatte bereits ein Duell mit einem vier Jahre älteren jungen Mann ausgetragen und besaß als Beweis eine kleine haarlose Narbe oben auf seinem schönen Kopf.

Doch Liebe in der Nacht war das, was ihm am Herzen lag. Es war ein schemenhafter schöner Traum, etwas, was ihm eines Tages widerfahren würde, einzigartig und unvergleichlich. Er hätte nicht mehr darüber sagen können, als dass ein bezauberndes, unbekanntes Mädchen darin vorkam und dass sich alles unter dem Mond der Riviera abzuspielen hatte.

Das Merkwürdige an dem Ganzen war nicht, dass er in der erregten und zugleich beinahe spirituellen Hoffnung auf eine Romanze lebte, denn solche Hoffnungen unterhalten alle Knaben, die nur eine Spur Phantasie besitzen, sondern dass sie ihm tatsächlich widerfuhr. Und als es geschah, war es so unerwartet, so ein Gewirr aus Eindrücken und Gefühlen und eigenartigen Wendungen, die ihm auf die Lippen gerieten, aus Anblicken und Tönen und Augenblicken, die sich ereigneten und im nächsten Moment vorbei waren, vergangen waren, dass er kaum begriff, wie ihm geschah. Vielleicht war es gerade das Unfassbare, das die Begebenheit in sein Herz einprägte, so dass er sie nie vergessen konnte.

In jenem Frühling sprach alles um ihn herum von Liebe; da waren die zahlreichen und indiskreten Liebschaften seines Vaters, die Val partiell zu Ohren kamen, wenn er zufällig das Gerede der Dienstboten hörte, und definitiv, als er eines Nachmittags seine amerikanische Mutter dabei überraschte, dass sie dem Porträt seines Vaters an der Wand des Salons eine hysterische Szene machte. Auf dem Porträt trug sein Vater eine weiße Uniform mit einem pelzbesetzten Dolman und erwiderte den Blick seiner Frau unbeeindruckt, als wollte er sagen: »Meine Liebe, hattest du dir etwa eingebildet, in eine Familie von Betbrüdern eingeheiratet zu haben?«

Val entfernte sich auf Zehenspitzen, überrascht, verwirrt – und erregt. Es hatte ihn nicht schockiert, wie es einen amerikanischen Jungen seines Alters schockiert hätte. Seit Jahren wusste er, wie das Leben der Reichen in Europa beschaffen war, und seinem Vater warf er nur vor, dass er seine Mutter zum Weinen gebracht hatte.

Um ihn herum war alles Liebe, vorwurfslose Liebe genauso wie verbotene Liebe. Als er um neun Uhr die Seepromenade entlangspazierte und die Sterne so hell strahlten, dass sie mit den hellen Lampen wetteiferten, spürte er die Liebe ringsum. Von den Caféterrassen mit den fröhlichen Kleidern frisch aus Paris drang der würzige Geruch von Blumen, Chartreuse, frischem schwarzem Kaffee und Zigaretten, und damit vermischt nahm er einen anderen Duft wahr, den rätselhaften Duft der Liebe. Hände berührten juwelenblitzende Hände auf weißen Tischen. Fröhliche Kleider und weiße Hemdbrüste wogten, und Streichhölzer wurden ein wenig zittrig an langsam Feuer fangende Zigaretten gehalten. Jenseits des Boulevards schlenderten unter den schattigen Bäumen weniger vornehme Liebende, junge Franzosen, die in den Läden von Cannes arbeiteten, mit ihren Bräuten, doch in diese Richtung blickten Vals junge Augen seltener. Der Luxus der Musik, der bunten Farben und leisen Stimmen, all das gehörte zu seinem Traum. All das war der unerlässliche Dekor der Liebe in der Nacht.

Doch Val begann sich allmählich unglücklich zu fühlen, auch wenn er sich größte Mühe gab, das großspurige Gehabe zur Schau zu stellen, das von einem jungen russischen Adeligen erwartet wurde, der allein unterwegs war. Die Aprildämmerung hatte die Märzdämmerung abgelöst, die Saison war fast vorbei, und er hatte bisher keine Verwendung für die warmen Frühlingsabende gefunden. Die Sechzehn- und Siebzehnjährigen aus seinem Bekanntenkreis wurden von der Dämmerung bis zum Schlafengehen streng beaufsichtigt – vergessen wir nicht, es war die Zeit vor dem Krieg –, und die anderen Mädchen, die ihn gerne begleitet hätten, sprachen seiner romantischen Sehnsucht Hohn. So verging der April – eine Woche, zwei Wochen, drei Wochen …

Er hatte bis um sieben Uhr Tennis gespielt und eine weitere Stunde auf dem Tennisplatz vertrödelt, und es war halb neun geworden, als ein müder Droschkengaul den Hügel meisterte, auf dem die Fassade der Rostow-Villa leuchtete. In der Auffahrt funkelten die gelben Scheinwerfer der Limousine seiner Mutter; die Fürstin trat aus der hell erleuchteten Haustür und knöpfte ihre Handschuhe zu. Val warf dem Droschkenkutscher zwei Franc zu und ging zu seiner Mutter, um sie auf die Wange zu küssen.

»Berühr mich nicht«, sagte sie abwehrend. »Du hast Geld angefasst.«

»Aber nicht mit dem Mund, Mutter«, wandte er scherzhaft ein.

Die Fürstin sah ihn ungehalten an.

»Ich bin verärgert«, sagte sie. »Warum musst du dich ausgerechnet heute so verspäten? Wir sind zum Abendessen auf eine Yacht eingeladen, und die Einladung galt auch für dich.«

»Was für eine Yacht?«

»Amerikaner.« Ihre Stimme klang immer leicht ironisch, wenn sie ihr Herkunftsland erwähnte. Ihr Amerika war das Chicago der neunziger Jahre, und in ihrer Vorstellung war es noch immer eine riesige Wohnung über einem Metzgerladen. Selbst die Verfehlungen Fürst Pauls waren kein zu hoher Preis für ihr Entkommen.

»Zwei Yachten«, fuhr sie fort, »und wir wissen nicht, welche die richtige ist. Die Einladung war sehr ungenau. Ausgesprochen schlechte Manieren.«

Amerikaner. Vals Mutter hatte ihrem Sohn beigebracht, Amerikaner mit Geringschätzung zu betrachten, aber es war ihr nicht gelungen, ihn davon zu überzeugen. Amerikanische Männer behandelten einen nicht wie Luft, auch wenn man erst siebzehn war. Val mochte Amerikaner. Er fühlte sich zwar durchaus als Russe, aber nicht lupenrein; das genaue Mengenverhältnis betrug wie das einer berühmten Seife neunundneunzig drei Viertel Prozent.

»Ich komme mit«, sagte er. »Ich beeile mich, Mutter. Ich –«

»Wir sind jetzt schon zu spät dran.« Die Fürstin drehte sich um, als ihr Ehemann in der Tür erschien. »Jetzt sagt Val, dass er mitkommen will.«

»Das kommt nicht in Frage«, sagte Fürst Paul schroff. »Er hat sich scheußlich betragen.«

Val nickte. Russische Aristokraten erzogen ihre Kinder ausnahmslos mit bewundernswerter Strenge, auch wenn sie selbst gern über die Stränge schlugen. Widerspruch wurde nicht geduldet.

»Es tut mir leid«, sagte Val.

Fürst Paul begnügte sich mit einem Schnauben. Der Lakai in rot-silberner Livree öffnete die Wagentür. Doch das Schnauben entschied die Sache, denn Fürstin Rostow hegte zufällig einen nicht grundlosen Groll gegen ihren Mann, und das verschaffte ihr die Oberhand.

»Wenn ich es recht überlege, kommst du doch besser mit, Val«, verkündete sie ungerührt. »Nicht zum Essen, dafür ist es zu spät, aber danach. Die Yacht ist entweder die *Minnehaha* oder die *Privateer.*« Sie stieg in die Limousine. »Die, auf die wir eingeladen sind, ist wahrscheinlich die, auf der mehr los ist, die Yacht der Jacksons –«

»Nur Grips«, brummte der Fürst rätselhaft, womit er ausdrücken wollte, dass Val die Yacht finden würde, wenn er nur die geringste Spur Grips besaß. »Zeig dich meinem Diener, bevor du gehst. Nimm eine von meinen Krawatten und nicht den scheußlichen Bindfaden, auf den du dich in Wien kapriziert hast. Werd erwachsen. Höchste Zeit.«

Die Limousine entfernte sich knirschend aus der gekiesten Einfahrt, und Val blieb mit vor Scham brennendem Gesicht zurück.

2

Im Hafen von Cannes war es dunkel, besser gesagt: Es wirkte dunkel nach der Helligkeit der Promenade, die Val gerade verlassen hatte. Im trüben Lichtschein dreier schwacher Hafenlaternen lagen zahllose Fischerboote wie leere Muschelschalen am Strand. Weiter draußen, wo eine Flotte schlanker Yachten bedächtig und würdevoll auf dem Meer schaukelte, waren Lichter zu sehen, und noch weiter draußen rundete der Vollmond das Wasser zu einem blankgewienerten Tanzparkett. Hin und wieder ertönte ein Klatschen, Knarren und Glucksen, wenn ein Ruderboot sich im seichten Wasser bewegte und sein schattenhafter Umriss sich durch das Labyrinth enggedrängter Fischerkähne und Barkassen schlängelte. Val stieg das samtige Sandufer hinunter, stolperte über einen schlafenden Schiffer und atmete den ranzigen Geruch von Knoblauch und billigem Wein ein. Er schüttelte den Mann an den Schultern, bis dieser ihn erschrocken ansah.

»Wissen Sie, wo die *Minnehaha* und die *Privateer* ankern?«

Als sie in die Bucht hinausglitten, lehnte er sich im Bootsheck zurück und blickte mit leisem Missbehagen zu dem Mond über der Riviera hinauf. Es war der richtige Mond, keine Frage. Oft genug, in fünf von sieben Nächten, war es der richtige Mond. Und da waren die warme Luft mit ihrem beinahe schmerzlichen Zauber und die Musik, viele Melodien, von vielen Kapellen gespielt, die vom Ufer herüberklang. Im Osten lag das dunkle Kap von Antibes und dahinter Nizza und dahinter Monte Carlo, wo Klang und Klirren von Geld die Nacht erfüllte. Eines Tages würde auch er all das erleben, alle Freuden und alles Glück – dann, wenn er zu alt und vernünftig wäre, um Wert darauf zu legen.

Doch diese Nacht, diese Nacht, dieser Silberstrom, der wie eine breite Strähne lockigen Haars zum Mond hinaufwehte, diese warmen, romantischen Lichter von Cannes hinter ihm und die unwiderstehliche und unbeschreibliche Liebe in dieser Luft – blieben für immer vergeudet.

»Welches?«, fragte der Schiffer unerwartet.

»Welches was?«, fragte Val, der sich aufrichtete.

»Welches Schiff?«

Er zeigte hin. Val drehte sich um; über ihnen erhob sich der graue, wie ein Schwert vorspringende Bug einer Yacht. Während der anhaltenden Sehnsucht seines Verlangens hatten sie eine halbe Meile zurückgelegt.

Er las die Messingbuchstaben über seinem Kopf. *Privateer* stand da, doch das Licht an Bord war gedämpft, und keine Musik war zu hören, kein Stimmengewirr, sondern nur das murmelnde Plätschern der Wellen, die das Schiff berührten.

»Das andere«, sagte Val. »Die *Minnehaha*.«

»Warten Sie.«

Val schrak zusammen. Die Stimme war leise und sanft aus der Dunkelheit über ihm gekommen.

»Warum so eilig?«, sagte die sanfte Stimme. »Ich dachte, es wäre vielleicht jemand zu Besuch gekommen, und jetzt bin ich schrecklich enttäuscht.«

Der Schiffer hob die Ruder aus dem Wasser und sah Val unsicher an. Val aber schwieg, und der Schiffer senkte die Ruderblätter ins Wasser und führte das Boot in das Mondlicht hinaus.

»Augenblick!«, rief Val laut.

»Ade«, sagte die Stimme. »Kommen Sie wieder, wenn Sie bleiben können.«

»Aber ich bleibe jetzt«, sagte er aufgeregt.

Er gab die entsprechende Anweisung, und das Ruderboot wendete zum Fuß des kleinen Fallreeps zurück. Jemand, der jung war, jemand in einem wolkigen weißen Kleid, jemand mit einer bezaubernden leisen Stimme hatte ihn tatsächlich aus der samtenen Dunkelheit angerufen. »Wenn sie Augen hat!«, murmelte Val im Selbstgespräch. Der romantische Klang seiner Worte gefiel ihm, und er wiederholte flüsternd: »Wenn sie Augen hat.«

»Wer sind Sie?« Sie stand unmittelbar über ihm; sie blickte herunter, und er blickte hinauf, als er die Leiter hochkletterte, und als ihre Blicke sich begegneten, mussten beide lachen.

Sie war sehr jung, zierlich, fast zerbrechlich, in einem Kleid, dessen fahle Schlichtheit ihre Jugend betonte. Zwei flache dunkle Flecken auf ihren Wangen zeigten an, wo sich tagsüber die Farbe befand.

»Wer sind Sie?«, fragte sie wieder, trat einen Schritt zurück und lachte erneut, als sein Kopf über der Reling auftauchte.

»Jetzt fürchte ich mich und will Auskunft.«

»Ich bin ein Gentleman«, sagte Val und verneigte sich.

»Was für ein Gentleman? Es gibt alle möglichen Arten. In Paris gab es einen – einen farbigen Gentleman am Nebentisch, und deshalb –« Sie verstummte. »Sie sind kein Amerikaner, oder?«

»Ich bin Russe«, sagte er in einem Ton, als wäre er ein Erzengel. Er dachte kurz nach und sagte: »Und ich bin der glücklichste aller Russen. Den ganzen Tag, das ganze Frühjahr habe ich davon geträumt, mich in einer solchen Nacht zu verlieben, und jetzt hat mir der Himmel Sie geschickt.«

»Einen Augenblick bitte!«, sagte sie und holte schnell Luft.

»Jetzt weiß ich mit Sicherheit, dass Ihr Besuch hier ein Irrtum ist. Für so etwas bin ich nicht zu haben. Bitte!«

»Verzeihen Sie.« Er sah sie verwirrt an; ihm war nicht klar, dass er sich zu weit vorgewagt hatte. Dann nahm er Haltung an.

»Ich habe mich geirrt. Wenn Sie mich bitte entschuldigen wollen, verabschiede ich mich jetzt.«

Er wendete sich ab. Seine Hand lag auf der Reling.

»Gehen Sie nicht«, sagte sie und strich sich eine Haarsträhne von undefinierbarer Farbe aus den Augen. »Ich habe es mir überlegt; Sie können so viel Unsinn reden, wie Sie wollen, wenn Sie nur bleiben. Ich bin todunglücklich, und ich will nicht allein sein.«

Val zögerte; irgendetwas entzog sich seinem Verständnis.

Er hatte angenommen, dass ein Mädchen, das nachts einen Fremden anspricht, sogar vom Deck einer Yacht aus, eine Romanze im Sinn haben müsse. Und er wollte unbedingt bleiben. Dann fiel ihm ein, dass dieses Schiff eine der zwei Yachten war, nach denen er gesucht hatte.

»Ich nehme an, dass das Essen auf dem anderen Schiff stattfindet«, sagte er.

»Das Essen? Ach ja, das ist auf der *Minnehaha*. Waren Sie auf dem Weg dorthin?«

»Das war ich – vor langer Zeit.«

»Wie heißen Sie?«

Er war im Begriff, es zu sagen, als ihn etwas veranlasste, stattdessen eine Frage zu stellen.

»Und Sie? Warum sind Sie nicht auf der Party?«

»Weil ich lieber hierbleiben wollte. Mrs Jackson hat gesagt, dass Russen kommen würden – vermutlich Sie.« Sie sah ihn aufmerksam an. »Sie sind jung, oder?«

»Ich bin wesentlich älter, als ich aussehe«, sagte Val steif. »Das fällt allen auf. Jeder wundert sich darüber.«

»Wie alt sind Sie?«

»Einundzwanzig«, log er.

Sie lachte.

»So ein Unsinn! Sie sind höchstens neunzehn.«

Er war so sichtlich verärgert, dass sie sich beeilte, ihn zu besänftigen. »Nur Mut! Ich bin selbst erst siebzehn. Ich hätte die Party besucht, wenn ich gewusst hätte, dass Gäste unter fünfzig dort sein würden.«

Den Themenwechsel nahm er freudig auf.

»Und Sie wollten lieber hier sitzen und im Mondlicht träumen.«

»Ich habe über Irrtümer nachgedacht.« Sie setzten sich in zwei benachbarte Liegestühle. »Ein ausgesprochen fesselndes Thema: Irrtümer. Frauen grübeln fast nie über Irrtümer – sie sind viel eher bereit zu vergessen als Männer. Aber wenn sie es tun –«

»Sie haben einen Irrtum begangen?«, fragte Val.

Sie nickte.

»Etwas, was man nicht rückgängig machen kann?«

»Ich fürchte, ja«, antwortete sie. »Ich weiß es nicht. Darüber dachte ich nach, als Sie herkamen.«

»Vielleicht kann ich irgendwie nützlich sein«, sagte Val. »Vielleicht lässt sich Ihr Irrtum doch noch rückgängig machen.«

»Das können Sie nicht«, sagte sie traurig. »Denken

wir nicht mehr daran. Ich bin meinen Irrtum schrecklich leid und fände es viel schöner, von Ihnen zu hören, was für fröhliche und heitere Dinge heute Abend in Cannes vor sich gehen.«

Sie blickten uferwärts zu der geheimnisvollen und verlockenden Lichterkette, zu den großen Spielzeugkisten, in denen Kerzen leuchteten und die in Wirklichkeit elegante Grandhotels waren, zu der beleuchteten Uhr in der Altstadt, zu dem verschwommenen Widerschein des Café de Paris und zu den ausgestanzten Punkten der Villenfenster, die sich auf den sacht ansteigenden Bergen zum Himmel reckten.

»Was tun die Leute dort?«, fragte sie flüsternd. »Es sieht aus, als wäre es etwas Herrliches, aber was es ist, kann ich nicht erkennen.«

»Sie sind alle verliebt«, sagte Val ruhig.

»Wirklich?« Mit einem eigenartigen Ausdruck in ihren Augen sah sie lange hin.

»Dann will ich lieber nach Amerika zurückfahren«, sagte sie. »Hier ist mir zu viel Liebe. Am liebsten führe ich schon morgen.«

»Fürchten Sie sich denn davor, sich zu verlieben?«

Sie schüttelte den Kopf. »Das ist es nicht. Es ist nur, dass – für mich gibt es hier keine Liebe.«

»Für mich auch nicht«, fügte Val ruhig hinzu. »Wie traurig, dass wir beide in einer so schönen Nacht an einem so schönen Ort sind und nichts davon haben.«

Er neigte sich eindringlich zu ihr, mit einem Blick voll inniger und keuscher Romantik – und sie wich zurück.

»Erzählen Sie mir von sich«, sagte sie schnell. »Wenn Sie Russe sind, wo haben Sie dann so hervorragendes Englisch gelernt?«

»Meine Mutter ist Amerikanerin«, räumte er ein. »Mein Großvater auch, so dass sie keine andere Wahl hatte.«

»Dann sind Sie auch Amerikaner!«

»Ich bin Russe«, sagte Val würdevoll.

Sie sah ihn aufmerksam an, lächelte und gab nach. »Nun gut«, sagte sie diplomatisch, »dann haben Sie sicher einen russischen Namen.«

Er wollte ihr seinen Namen jedoch nicht jetzt sagen. Ein Name, selbst der Name Rostow, wäre eine Entweihung dieser Nacht gewesen. Sie waren ihre leisen Stimmen, ihre zwei bleichen Gesichter, und das war genug. Ohne zu wissen, warum, aber mit einem Instinkt, der triumphierend in seinem Geist vibrierte, war er überzeugt, dass er binnen kurzem, in einer Minute oder Stunde, in die romantische Liebe eingeweiht werden würde. Sein Name war bedeutungslos neben dem, was sich in seinem Herzen regte.

»Sie sind wunderschön«, sagte er plötzlich.

»Wie wollen Sie das wissen?«

»Weil das Mondlicht das gefährlichste Licht für eine Frau ist.«

»Sehe ich im Mondlicht nett aus?«

»Sie sind das Bezauberndste, was mir je vor Augen gekommen ist.«

»Oh.« Sie dachte darüber nach. »Ich hätte Sie natürlich nie an Bord kommen lassen dürfen. Ich hätte wissen müssen, dass es zu diesem Thema kommen würde – in diesem Mondlicht. Aber ich kann mich nicht damit abfinden, hier zu sitzen und zum Ufer zu sehen, Tag für Tag. Dafür bin ich zu jung. Finden Sie nicht auch, dass ich dafür zu jung bin?«

»Viel zu jung«, pflichtete er ihr in tiefem Ernst bei.

Unversehens wurden sie auf eine neue Musik aufmerksam, die aus nächster Nähe erklang, als stiege sie keine hundert Meter entfernt aus dem Wasser auf.

»Hören Sie nur!«, rief sie. »Das kommt von der *Minnehaha*. Das Essen ist vorbei.«

Einen Augenblick lang lauschten sie schweigend.

»Danke«, sagte Val plötzlich.

»Wofür?«

Er hatte fast nicht gemerkt, dass er etwas gesagt hatte. Er dankte den tiefen und leisen Blasinstrumenten für ihren Gesang in der Brise, dem Meer für seine warmen, geflüsterten Klagelaute, die den Bug berührten, dem milchigen Sternenlicht dafür, dass es sich über sie ergoss, bis er sich von einer Substanz getragen fühlte, die dichter war als Luft.

»So bezaubernd«, flüsterte sie.

»Was wollen wir damit anfangen?«

»Müssen wir etwas damit anfangen? Ich dachte, wir könnten einfach dasitzen und …«

»Das dachten Sie nicht«, fiel er ihr unaufgeregt ins Wort. »Sie wissen, dass wir etwas damit anfangen müssen. Ich werde Ihnen den Hof machen – und Sie werden sich darüber freuen.«

»Das kann ich nicht«, sagte sie sehr leise. Sie hätte gern gelacht, irgendeine leichtfertige, knappe Bemerkung gemacht, die das Ganze in das sichere Fahrwasser einer harmlosen Liebelei zurückbugsiert hätte. Doch dafür war es zu spät. Val wusste, dass die Musik vollendet hatte, was der Mond begonnen hatte.

»Ich will Ihnen die Wahrheit sagen«, sagte er. »Sie sind meine erste Liebe. Ich bin siebzehn, genauso alt wie Sie und nicht mehr.«

Dass sie gleichaltrig waren, hatte etwas ganz und gar Entwaffnendes. Es machte sie schwach vor dem Geschick, das sie zusammengebracht hatte. Die Liegestühle quietschten, und er war sich eines schwachen und trügerischen Dufts bewusst, als sie sich plötzlich kindlich aneinanderschmiegten.

3

Ob er sie einmal oder mehrmals geküsst hatte, hätte er später nicht zu sagen gewusst, obwohl sie sicherlich eine Stunde in enger Nähe verbrachten und er ihre Hand hielt. Was ihn am meisten verblüffte, war der Umstand, dass das keimende Liebesglück frei von wilder Leidenschaft war – kein Kummer, kein Begehren, keine Verzweiflung, sondern eine so berauschende Vorahnung auf ein Glück, wie er es in der Welt und im Leben noch nie gekannt hatte. Die erste Liebe – denn das war nichts als die erste Liebe! Was war dann erst die Liebe in ihrer Gänze, in ihrer Blüte? Er konnte nicht wissen, dass das, was er empfand, dieses unwirkliche, wunschlose Gemisch aus Ekstase und Frieden, nie wieder erreichbar sein würde.

Die Musik war seit einiger Zeit verstummt, als das Geräusch eines Ruderboots, das die Wellen bewegte, die flüsternde Stille unterbrach. Sie sprang auf, und ihre Augen suchten die Bucht ab.

»Hören Sie!«, sagte sie schnell. »Sagen Sie mir Ihren Namen.«

»Nein.«

»Bitte!«, sagte sie flehend. »Ich reise morgen ab.«

Er schwieg.

»Ich will nicht, dass Sie mich vergessen«, sagte sie. »Ich heiße –«

»Ich werde Sie nicht vergessen. Ich verspreche Ihnen, immer an Sie zu denken. Jede Frau, die ich vielleicht einmal lieben werde, werde ich immer an Ihnen messen, an meiner ersten Liebe. Solange ich lebe, werden Sie immer der erste Eindruck in meinem Herzen bleiben.«

»Ich will, dass Sie sich erinnern«, flüsterte sie stammelnd. »Oh, es hat mir mehr bedeutet als Ihnen, viel mehr.«

Sie stand so nahe neben ihm, dass er ihren warmen jungen Atem auf seinem Gesicht spürte. Wieder schmiegten sie sich aneinander. Er drückte ihre Hände und Handgelenke, denn so schien es ihm geboten, und küsste ihren Mund. Es war, wie er dachte, der richtige Kuss – nicht zu viel, nicht zu wenig. Doch der Kuss war wie ein Versprechen weiterer Küsse, die möglich gewesen wären, und ein wenig enttäuscht hörte er, wie das Ruderboot sich der Yacht näherte, und begriff, dass ihre Familie zurückgekommen war. Der Abend war vorbei.

›Aber das ist nur der Anfang‹, sagte er sich. ›Mein ganzes Leben wird so sein wie diese Nacht.‹

Sie sprach leise und schnell, und er hörte ihr aufmerksam zu.

»Eines müssen Sie wissen: Ich bin verheiratet. Seit drei Monaten. Das ist der Irrtum, über den ich nachdachte, als der Mond Sie herbrachte. Gleich werden Sie es verstehen.«

Sie verstummte, als das Boot am Fallreep anlegte und eine Männerstimme aus der Dunkelheit aufstieg.

»Bist du es, meine Liebe?«

»Ja.«

»Was ist das hier für ein Ruderboot?«

»Einer von Mrs Jacksons Gästen ist aus Versehen hierhergekommen, und ich habe ihn gebeten, für eine Stunde dazubleiben und mir etwas zu erzählen.«

Im nächsten Augenblick zeigten sich über der Reling das dünne weiße Haar und die müden Gesichtszüge eines Sechzigjährigen. Und zu spät erkannte und begriff Val, wie viel es ihm ausmachte.

4

Als die Saison an der Riviera im Mai endete, schlossen die Rostows und alle anderen Russen ihre Villen und begaben sich in nördlichere Regionen, um dort den Sommer zu verbringen. Die russisch-orthodoxe Kirche wurde zugesperrt, das Gleiche geschah mit den Fässern teurer Weine, und das elegante Frühlingsmondlicht wurde bis zu ihrer Rückkehr weggeräumt.

»Zur nächsten Saison kommen wir wieder«, sagten sie wie gewohnt.

Doch das war voreilig, denn sie sollten nie wiederkommen. Die wenigen, die nach fünf schrecklichen Jahren den Weg in den Süden wiederfanden, waren froh, als

Zimmermädchen oder *valets de chambre* in den Grandhotels, in denen sie einst diniert hatten, Arbeit zu finden. Viele von ihnen waren im Krieg und in der Revolution umgekommen, viele dämmerten als Schmarotzer und kleine Gauner in den Metropolen Europas dahin, und nicht wenige beendeten ihr Leben in ratloser Verzweiflung.

Als die Kerenskij-Regierung 1917 gestürzt wurde, war Val Leutnant an der Front im Osten und versuchte verzweifelt, in seiner Truppe Autorität durchzusetzen, nachdem es längst keine Autorität mehr gab, und er versuchte es immer noch, als Fürst Paul Rostow und seine Frau an einem verregneten Vormittag aus dem Leben schieden, um für die Verfehlungen des Hauses Romanow zu sühnen, so dass die beneidenswerte Laufbahn der Tochter Morris Hasyltons in einer Stadt endete, die weit mehr Ähnlichkeit mit einem Metzgerladen hatte als das Chicago des Jahres 1892.

Danach kämpfte Val eine Zeitlang in Denikins Armee, bis ihm klar wurde, dass er in einer lächerlichen Farce mitwirkte und dass der Glanz des Russischen Kaiserreichs vergangen war. Dann ging er nach Frankreich und sah sich dort zu seiner Überraschung mit der verblüffenden Frage konfrontiert, wie er überleben sollte.

Natürlich erwog er, nach Amerika zu gehen. Zwei entfernte Tanten, mit denen seine Mutter sich vor vielen Jahren zerstritten hatte, lebten dort in verhältnismäßigem Wohlstand. Doch diese Vorstellung widersprach den Vorurteilen, die seine Mutter ihm eingeimpft hatte, und außerdem konnte er die Überfahrt nicht bezahlen. Bis eine eventuelle Konterrevolution ihn wieder in den Besitz der Rostow'schen Ländereien in Russland brachte, musste er sich in Frankreich irgendwie über Wasser halten.

Deshalb suchte er die kleine Stadt auf, die er am besten kannte. Er ging nach Cannes. Mit seinen letzten zweihundert Franc kaufte er eine Fahrkarte dritter Klasse, und als er ankam, überließ er seinen Abendanzug einem entgegenkommenden Zeitgenossen, der mit solchen Dingen handelte, und erhielt Geld für Nahrung und Unterkunft. Im Nachhinein bedauerte er, dass er den Abendanzug verkauft hatte, denn der Anzug hätte ihm zu einer Anstellung als Kellner verhelfen können. Stattdessen fand er Arbeit als Taxifahrer, und in dieser Funktion war er genauso glücklich oder elend.

Manchmal fuhr er Amerikaner zu Villenbesichtigungen, und wenn die Trennscheibe geschlossen war, drangen seltsame Gesprächsfetzen aus dem Fond zu ihm.

»... gehört, dass dieser Bursche ein russischer Fürst sein soll.« – »Psst!« – »Nein, der hier.« – »Esther, halt den Mund!« – und dann unterdrücktes Kichern.

Wenn der Wagen anhielt, drängelten sich die Passagiere, um den Fahrer zu beäugen. Zuerst hatte es Val schrecklich unglücklich gemacht, wenn Mädchen sich so benahmen, aber nach einer Weile machte es ihm nichts mehr aus. Einmal fragte ihn ein angeheiterter Amerikaner, ob er echt sei, und lud ihn zum Lunch ein, und ein andermal ergriff eine ältere Frau, als sie ausstieg, seine Hand, schüttelte sie heftig und drückte ihm dann einen Hundertfrancschein in die Hand.

»So, Florence, jetzt kann ich zu Hause sagen, dass ich einem russischen Fürsten die Hand geschüttelt habe.«

Der beduselte Amerikaner, der ihn zum Lunch eingeladen hatte, war zuerst der Ansicht gewesen, Val sei ein Zarensohn, und Val hatte ihm erklären müssen, dass ein russischer Fürst nichts weiter war als ein x-beliebiger englischer Lord. Doch er hatte nicht verstehen können, warum jemand wie Val nicht einfach hinging und richtig Geld machte.

»Das ist Europa«, hatte Val ernst erklärt. »Hier macht man nicht einfach Geld. Geld wird entweder vererbt oder langsam über viele Jahre verdient, bis eine Familie nach drei Generationen in eine andere Klasse aufsteigt.«

»Erfinden Sie etwas, worauf die Leute fliegen, so wie wir es machen.«

»Das liegt daran, dass es in Amerika mehr Geld gibt, mit dem man sich einen Wunsch erfüllen kann. Was die Leute sich hier wünschen können, ist schon vor langer Zeit erfunden worden.«

Doch ein Jahr später und mit Hilfe eines jungen Engländers, mit dem er vor dem Krieg Tennis gespielt hatte, fand Val den Weg in die örtliche Niederlassung einer englischen Bank. Er leitete Briefe weiter, besorgte Zugfahrkarten und arrangierte Ausflüge für ungeduldige Touristen. Ab und zu erschien ein vertrautes Gesicht an seinem Schalter; wenn Val erkannt wurde, gab er dem Kunden die Hand, wenn nicht, gab er sich nicht zu erkennen. Nach zwei Jahren wurde er nicht mehr als früherer Fürst oder Prinz herumgezeigt, denn mittlerweile waren die Russen Schnee von gestern, und der Glanz der Rostows und ihrer Freunde war vergessen.

Er ging selten unter Menschen. Abends ging er eine Weile auf der Promenade spazieren, trank in einem Café langsam ein Bier und ging früh zu Bett. Man lud ihn selten ein, weil man seine traurige, angespannte Miene deprimierend fand, doch er sagte sowieso nie zu. Inzwischen trug er billige französische Kleidung statt der teuren Tweed- und Flanellanzüge, die zusammen mit der Garderobe seines Vaters in England bestellt worden waren. Mit Frauen verkehrte er überhaupt nicht. Dabei war er als Siebzehnjähriger mehr als alles andere absolut davon überzeugt gewesen, dass sein Leben ein Leben voll romantischer Liebe sein würde. Acht Jahre später wusste er, dass es darauf keine Hoffnung mehr gab. Er hatte einfach nie Zeit für die Liebe gehabt – Krieg, Revolution und nun seine Armut hatten sich gegen sein erwartungsvolles Herz verschworen. Die Quellen seines

Gefühls, die sich zum ersten Mal in einer Aprilnacht ergossen hatten, waren im nächsten Moment versiegt und hatten nur ein dünnes Rinnsal hinterlassen. Seine glückliche Jugend war beendet gewesen, kaum dass sie begonnen hatte. Er sah sich älter und abgerissener werden und sich immer mehr in die Erinnerungen an seine goldene Kindheit zurückziehen. Am Ende würde man ihn belächeln, wenn er ein altes Erbstück in Form einer Uhr aus der Tasche zog und es amüsierten jungen Mitangestellten zeigte, die sich augenzwinkernd seine Rostow-Anekdoten anhörten.

Diesen trübsinnigen Gedanken hing er eines Aprilabends 1922 nach, als er am Meer entlangwanderte und den unveränderlichen Zauber der Lichter betrachtete, die nacheinander aufleuchteten. Der Zauber wurde nicht mehr für ihn veranstaltet, doch er fand immer noch statt, und das stimmte ihn auf diffuse Weise froh. Am nächsten Tag würde er in Urlaub fahren, zu einem billigen Hotel weiter unten an der Küste, wo er baden, ausruhen und lesen konnte; dann würde er zurückkommen und weiterarbeiten. Seit drei Jahren hatte er jedes Jahr diesen Urlaub in den letzten zwei Aprilwochen genommen, vielleicht weil dies die Zeit war, zu der er das größte Bedürfnis hatte, sich zu erinnern. Im April hatte das, was sich als das Schönste an seinem Leben erweisen sollte, in romantischem Mondlicht seinen Höhepunkt gefunden. Es war ihm seitdem heilig; was er für eine Initiation gehalten hatte, für einen Anfang, war das Ende gewesen.

Nun blieb er vor dem Café des Étrangers stehen; nach einigen Sekunden überquerte er aus einem Impuls heraus die Straße und schlenderte zum Ufer hinunter. Ein Dutzend Yachten in frischer Silberfarbe schaukelten ankernd in der Bucht. Er hatte sie schon am Nachmittag gesehen und hatte nur aus Gewohnheit die am Bug aufgemalten Namen gelesen. Seit drei Jahren tat er das, und inzwischen war es fast ein Reflex.

»*Un beau soir*«, bemerkte eine französische Stimme neben ihm. Es war ein Schiffer, dem Val schon öfter aufgefallen war.

»Monsieur findet das Meer schön?«

»Wunderschön.«

»Ich auch. Aber ein schlechter Broterwerb außerhalb der Saison. Nächste Woche allerdings verdiene ich ein Extrageld. Ich werde gut dafür bezahlt, hier nur zu warten und nichts zu tun von acht Uhr morgens bis Mitternacht.«

»Das ist sehr schön«, sagte Val aus Höflichkeit.

»Eine verwitwete Dame, sehr schön, aus Amerika, deren Yacht jeden April die letzten zwei Wochen hier vor Anker geht. Wenn die *Privateer* morgen einläuft, werden es drei Jahre sein.«

5

Val fand die ganze Nacht keinen Schlaf, nicht weil er sich darüber unsicher gewesen wäre, was er tun sollte, sondern weil seine Gefühle aus ihrer langwährenden Betäubung erwacht und lebendig geworden waren. Natürlich kam es für einen armseligen Versager wie ihn, dessen Name ein bloßer Schatten war, nicht in Frage, sie zu sehen, doch es würde ihn ein wenig glücklicher machen, zu wissen, dass sie nichts vergessen hatte. Es verlieh seiner eigenen Erinnerung eine neue Dimension, wie eine jener stereoskopischen Brillen, die ein flaches Papierbild räumlich werden lassen. Es überzeugte ihn davon, dass er sich nichts eingebildet hatte – vor langer Zeit hatte er eine bezaubernde Frau bezaubert, und sie hatte es nicht vergessen.

Am nächsten Tag war er eine Stunde vor Abfahrt seines Zugs mit seiner Reisetasche am Bahnhof, um eine zufällige Begegnung auf der Straße zu vermeiden. Im wartenden Zug suchte er sich einen Platz in der dritten Klasse.

Und als er dort saß, sah er das Leben plötzlich anders, mit einer schwachen und trügerischen Hoffnung, die er vierundzwanzig Stunden zuvor nicht gekannt hatte. Vielleicht gab es in den nächsten Jahren irgendeine Möglichkeit, sie wiederzusehen – wenn er schwer arbeitete, sich mit aller Kraft jeder Aufgabe widmete, die er finden konnte.

Er hatte von mindestens zwei Russen in Cannes gehört, die sich mit nichts als guten Manieren und Einfallsreichtum hochgearbeitet hatten und erstaunlich erfolgreich waren. Morris Hasyltons Blut begann in Vals Schläfen leise zu pochen, und es erinnerte ihn an etwas, woran er früher keinen Gedanken verschwendet hatte: daran, dass Morris Hasylton, der seiner Tochter ein Stadtpalais in Sankt Petersburg erbaut hatte, sich ebenfalls hochgearbeitet hatte.

Gleichzeitig ergriff ihn ein anderes Gefühl, weniger befremdlich, weniger aufwühlend, doch keineswegs weniger amerikanisch: das Gefühl der Neugier. Falls es ihm gelänge – falls das Leben ihm jemals ermöglichen sollte, sie wiederzufinden –, dann würde er endlich ihren Namen erfahren.

Er sprang auf, hantierte aufgeregt am Griff der Waggontür und sprang aus dem Zug. Er warf seinen Koffer in die Gepäckaufbewahrung und lief im Eilschritt zum Amerikanischen Konsulat.

»Heute Morgen ist eine Yacht angekommen«, sagte er hastig zu einem Angestellten, »eine amerikanische Yacht, die *Privateer*. Ich will wissen, wer der Besitzer ist.«

»Einen Augenblick, bitte«, sagte der Angestellte, der Val mit einem sonderbaren Blick musterte. »Ich werde versuchen, es herauszufinden.«

»Ist die Yacht eingelaufen?«

»O ja, sie ist angekommen. Ich denke es wenigstens. Wenn Sie bitte auf dem Stuhl dort drüben Platz nehmen würden.«

Nach weiteren zehn Minuten sah Val ungeduldig auf seine Uhr. Wenn sie sich nicht beeilten, war zu befürchten, dass er den Zug verpasste. Er machte eine nervöse Bewegung, als wollte er aufstehen.

»Bleiben Sie bitte sitzen«, sagte der Angestellte, der sofort von seinem Schreibtisch zu ihm hersah. »Bitte. Setzen Sie sich wieder.«

Val starrte ihn an. Warum sollte es diesen Mann interessieren, ob er blieb oder ging?

»Ich verpasse noch meinen Zug«, sagte er verärgert. »Ich bedaure, Ihnen so viel Mühe gemacht zu haben –«

»Bleiben Sie bitte sitzen! Wir sind froh, dass wir die Sache endlich abwickeln können. Auf Ihre Anfrage warten wir seit – warten Sie – drei Jahren.«

Val sprang auf und setzte hastig seinen Hut auf.

»Warum haben Sie mir das nicht gleich gesagt?«, fragte er zornentbrannt.

»Weil wir unsere – äh, unseren Klienten zuerst informieren mussten. Bitte gehen Sie nicht! Es ist – äh, sowieso zu spät.«

Val drehte sich um. Eine schlanke, strahlende Erscheinung mit erschrockenen dunklen Augen stand hinter ihm und hob sich von dem Sonnenlicht aus der Tür ab.

»Oh –«

Val öffnete die Lippen, doch kein Laut kam aus seinem Mund.

Sie trat einen Schritt auf ihn zu.

»Ich –« Sie sah ihn hilflos an, ihre Augen füllten sich mit Tränen. »Ich wollte nur guten Tag sagen«, murmelte sie. »Ich komme seit drei Jahren zurück, nur um guten Tag zu sagen.«

Val schwieg noch immer.

»Sie könnten wenigstens antworten«, sagte sie ungehalten.

»Sie könnten wenigstens antworten, wenn ich – wenn ich langsam glauben musste, Sie wären im Krieg umgekommen.« Sie wandte sich an den Angestellten. »Machen Sie uns bitte miteinander bekannt!«, rief sie. »Ich kann ihm schließlich nicht guten Tag sagen, wenn wir nicht einmal den Namen des anderen kennen.«

Normalerweise hält man ja nicht viel von diesen internationalen Heiraten. Es ist eine tief eingewurzelte amerikanische Überzeugung, dass sie immer schiefgehen, und wir sind Schlagzeilen gewohnt, die da lauten: »Herzogin würde Krone jederzeit gegen wahre amerikanische Liebe eintauschen« oder: »Bettelgraf soll Ehefrau aus Messerdynastie gequält haben«. Die anderen Schlagzeilen gelangen nie an die Öffentlichkeit, denn wer wollte schon lesen: »Frühere Georgia-Schönheit schwärmt von Liebesnest« oder: »Herzog und Fabrikarbeitertochter feiern Goldene Flitterwochen«.

Bisher hat es überhaupt keine Schlagzeilen über die jungen Rostows gegeben. Fürst Val ist viel zu beschäftigt mit der Kette mitternachtsblauer Taxis, die er so außergewöhnlich tüchtig leitet, um Interviews zu geben. Er und seine Frau verlassen New York nur einmal im Jahr, doch es gibt einen Schiffer, der sich jedes Mal freut, wenn die *Privateer* eines Abends Mitte April in den Hafen von Cannes einläuft.

Claudio Piersanti
Formitrol

Wenn ein Mann merkt, dass eine Frau plötzlich für ihn wichtig wird, die er zwanzig Jahre zuvor, als sie beide gerade vierzehn oder fünfzehn Jahre alt waren, getroffen hatte, so heißt das, dass eine Bombe explodiert, die eigentlich alle seine Lebensjahre zerstört.

Vor ungefähr einem Jahr ist, natürlich ohne Vorankündigung, bei mir die Bombe geplatzt. Ich war lange wie betäubt. War der einzige Überlebende unter all den vielen, die um mich waren, die gestorben sind, ohne noch Zeit für ein Gebet gehabt zu haben. In meinen Augen waren sie tot. Es gab sie nicht mehr, es hatte sie nie gegeben. Klar, das Gedächtnis ist besonders mächtig, wenn es etwas auslöscht.

Die ferne Vergangenheit bleibt der einzige Gedanke. Da unten, auf dem Grund eines Haufens abgerissener Kalender, liegt die unberührte Zeit. Da unten leben noch diejenigen, die eigentlich keinen Einfluss auf die gegenwärtigen Ereignisse gehabt haben, es sei denn gerade dadurch, dass sie aus unserem Leben entschwunden sind und somit nicht die Möglichkeit hatten, es zu verändern. Die Zeit, an die ich vor allem dachte, ist der Winter neunundsechzig/siebzig.

Der Norden Frankreichs war schneebedeckt, und es

hörte nicht auf, dicht zu schneien. Die Reise war katastrophal, wenngleich wir sie toll fanden, da wir noch nie verreist gewesen waren. Kaum in Mailand abgefahren, hatte schon jeder seine Wolldecke aus dem Rucksack gezogen, und zehn, fünfzehn Stunden lang biwakierten wir auf einem Gang und vor zwei Toiletten. Wir waren fünfzehn, und nur zwei oder drei von uns waren über achtzehn. Ich gehörte zu den Jüngsten und auch zu den größten Extremisten, war schon seit längerer Zeit Anarchist, hatte mich jedoch der Gruppe kritischer Katholiken angeschlossen, da ich nicht den Mut hatte, das Hauptquartier der Anarchisten zu betreten. Besser gesagt: Ich hatte es eines Tages betreten, um mir ihre Zeitung zu besorgen, aber die Fotos der erschossenen Anarchisten an den Wänden und das misstrauische Gesicht des alten Pförtners hatten mich eingeschüchtert. Mit meinen langen Haaren und dem schwarzen Schal hatte ich gehofft, freundlich empfangen zu werden. Ohne Groll war ich dann weggegangen, in der Hoffnung, jemanden zu treffen, der mich in den ersehnten Malatesta-Kreis hätte einführen können.

Während dieser Zeit des Wartens, die lange genug dauerte, um meine Meinung zu ändern, schloss ich mich der Gruppe an, die als Wohngemeinschaft in einer Hütte auf dem Land lebte. Es waren noch weitere Anarchisten aus anderen Städten in der Gruppe, und sie hatten unter den gleichen Verständigungsschwierigkeiten gelitten;

sie hatten zwar meinen Bakunin nicht gelesen, kannten dafür aber die ganzen wunderschönen Anarchistenlieder.

Einige davon sangen wir, sobald wir in dem Dorf angekommen waren, wo das Treffen über Antimilitarismus stattfinden sollte. Es waren viele Katholiken da (sie waren die Gastgeber, hatten gute Aufnahmekapazitäten und erträgliche Stätten des Gebets, einfach und ruhig, erträglich selbst für junge Anarchisten), aber auch viele Heimkehrer des Pariser Mai. Ich erinnere mich vor allem an einen, der ein von Schlägen völlig entstelltes Gesicht hatte. Das Jahr 68 war für mich weit weg, aber ihm sagte ich das nicht, sondern ich hörte mir seine Kriegserzählungen an, so wie ich mir die meines Großvaters angehört hatte. Ich war ein Anarchist, der keine echten Anarchisten kannte, deswegen verstand ich nichts von der Gegenwart: Ich wusste, dass Bakunin als Priester verkleidet geflohen war, aber von Valpreda wusste ich nur das, was ich in den Zeitungen las. Man schlief in hübschen sauberen Häuschen und verbrachte die Zeit schwatzend im warmen und überfüllten sowie völlig verrauchten Gemeinschaftshaus, wo es aber auch gute Sachen zu essen gab. Ich mochte vor allem das *pain doux*, wovon ich viel aß, am liebsten zum Abendessen. Der Wein war ebenfalls gut und ließ einen die Kälte vergessen. Die Scheiben des Hauses waren vereist, und irgendeiner schrie immer *La porte!*, weil ständig jemand reinkam oder rausging. An den Tischen entwickelten sich sehr angeregte Gespräche, und es war nicht selten, dass man einen Pater Marcuse zitieren hörte. Meine anarchistischen Anwärter und ich verstanden so gut wie nichts, aber wir waren glücklich, und wer weiß, warum ich mich schließlich mit dem *pain doux*, das ich aß, identifizierte, jedenfalls kam ich mir gut vor und war nicht mehr davon überzeugt, für Waffengewalt eintreten zu wollen. Das tat Guido, indem er sich gegen die Armeen, aber für den Kampf des Volkes aussprach, und ich weiß nicht, warum er plötzlich aus dem *Zarathustra* zitierte, den er in jenen Tagen gerade las. Nicht einmal die 68er nahmen ihn ernst, und ich musste ihn den ganzen Abend trösten und ihm recht geben.

Ich war noch gar nicht richtig vorhanden. Ich hörte zu, hörte zu und beobachtete, so als wäre ich für die Erfahrung noch nicht reif. Ich erwartete nicht, geliebt, ja nicht einmal bemerkt zu werden: Es bedeutete mir schon viel, wenn jemand neben mir saß und mit mir sprach, als hätte ich auch etwas zu sagen.

Ich bekam Halsschmerzen, wie viele, aber im Unterschied zu den anderen liebte ich sie wie einen alten Freund. Dank meinen Halsschmerzen lernte ich Formitrol kennen, ein Mädchen aus Turin, das Gitarre spielte. Sie sang wenig, weil auch sie Halsschmerzen hatte, und sie nahm dagegen Formitrol-Tabletten, die gut schmeckten, wenn sie auch nichts halfen. Aus Spaß nannte ich sie

Formitrol, und sie sagte, ich könne sie nach so viel Tabletten fragen, wie ich wollte, sie habe noch einige Packungen in Reserve. Auch Formitrol war noch nicht richtig vorhanden, sie schien jedoch auf dem Weg zu sein: Ich hatte gleich den Eindruck, dass sie gerade dabei war, eine Wahl zu treffen, aber sie sprach mit mir nie darüber.

Sie sprach mit mir über ihren Vater, der Dichter war. Er war gut, sie hatte ihn gern, aber er war so langweilig, und sie traute sich nicht, es ihm zu sagen. Auch sie mochte das *pain doux* und den Rotwein, unser tägliches Abendbrot. Nach dem Essen gingen wir mit brennenden Zigaretten ins Freie. Über der dicken Jacke hatte jeder eine karierte Decke, die vor der großen Kälte und dem Schnee schützen sollte. Ich weiß nicht, wie es uns gelang, aber wir fassten uns, während wir gingen, an den Händen, obwohl wir, um die Decken festzuhalten, die Arme verschränkt hatten. Die von welchem Licht auch immer erhellten verschneiten und vereisten Hügel waren herrlich. Wir waren nicht allein auf den ländlichen Wegen, oft trafen wir angetrunkene junge Holländer, die Formitrol kannte und auf Englisch grüßte.

Während unseres ersten nächtlichen Spaziergangs begegneten wir einem Jungen, der irgendwie eine Bedeutung für unser Treffen haben sollte, auch wenn wir nie mit ihm sprachen. Formitrol hatte ihn ein paarmal in Turin gesehen, wusste aber seinen Namen nicht. Bei

Schneetreiben kam er nachts auf seinem Moped an. Er schützte sich mit einem großen Plastiksack, und da er groß und schwer war, schien es nahezu unmöglich, dass er auf seinem wackeligen Gefährt Hunderte von Kilometern gefahren war. Er war ein trauriger und einsamer Junge, aber verrückt war er nicht; ganz sicher hatte er große, für ihn unlösbare Probleme. Er rührte uns.

Formitrol war ein zierliches hübsches Mädchen. Selbst in einer eisigen Nacht verbreitete sie noch einen angenehmen Duft. Wenn sie auf dem Eis ausglitt, hielt ich sie fest, damit sie nicht hinfiel: Ich weiß nicht, welcher Gabe der Natur ich es zu verdanken habe, dass ich so gut wie nie rutsche oder falle. Ich sprach mit ihr über diese Eigenschaft von mir, die sie gleich bemerkt hatte, und sagte ihr, dass mich das manchmal verwirrte, vor allem in den Bergen: Hinzufallen war für meinen Körper gegen die Natur, war die Verletzung eines inneren Gleichgewichts, das sich sorgfältig über Generationen von Bergbewohnern entwickelt hatte.

Wir sprachen nie über Politik, weil wir beide der Ansicht waren, schon zu viel darüber gesprochen zu haben; wir unterhielten uns locker und verstanden uns auf Anhieb, nun, wir hatten uns ineinander verliebt und wussten nicht, was wir tun sollten. Anstatt uns voneinander zu entfernen, brachte die kalte Luft uns einander immer näher. Ich war schon zweimal verliebt gewesen, aber nie hatte ich die Geliebte geküsst. So war es auch bei Formitrol. Es war nicht der Augenblick dafür, ich fühlte, dass es leider nicht der richtige Zeitpunkt war: Ich war immer noch nicht vorhanden, durfte kaum sprechen, und wenn, dann nur Belangloses. Formitrol verstand mich, vielleicht war sie ganz wie ich. Meinen Freunden gefiel das Gruppenleben, wir schliefen im selben Raum, wachten zusammen auf, aber ich war nur froh, wenn ich Formitrol traf. Das antimilitaristische Treffen interessierte mich überhaupt nicht mehr, und ich schwänzte die morgendlichen Sitzungen, Formitrol schlief lange, auch weil sie unklare Vorstellungen vom Umgang mit Waffen hatte und die Diskussionen sie noch mehr verwirrten. Außerdem musste sie über ihr Geheimnis nachdenken, wie alle in jenem seltsamen Dorf. Tausende von Personen hatten sich hier eingefunden, jeder mit seinen geheimen Gedanken.

So vergingen die Tage und Nächte, und mit Formitrol vergingen sie gut, waren wunderschön. Wir besuchten einen Mönch des Orts, der in einer kleinen romanischen Kirche auf einem Friedhof voller verschneiter Gräber wohnte. Der Mönch kochte Tee und bot sehr gutes Gebäck an, sprach aber nicht als Mönch oder Gelehrter mit uns. Er freute sich über alles, über unseren Besuch, über das Treffen der jungen Leute, über die Gebete, denen er beigewohnt hatte, über den Schnee, über den Tee. Kichernd verließen wir sein kleines Haus, aber im Grunde hatte der Mönch uns noch fröhlicher gemacht, und es war uns nicht mehr so kalt.

Es gab noch viele andere Augenblicke für uns beide allein in jenem eisigen Dorf. Wir verbrachten Stunden in der freudigen Erwartung der Trennung, die immer näher kam. Ich war so glücklich, dass selbst eine endgültige Trennung mich nicht traurig machen konnte. Am letzten Abend, den wir zusammen verbrachten, sahen wir den Jungen mit dem Moped abfahren. Verzückt über die herabfallenden dicken Schneeflocken hatte er einige Stunden allein vor dem Fenster gesessen und gegen Abend sich dann beeilt, seine Sachen zu packen. So, wie er gekommen war, in den Plastiksack gewickelt, fuhr er wieder ab, angsterregend die weiße Straße hinunterschleudernd, die Rauchwolke seines Mopeds sah aus wie der letzte Atemzug des kleinen ausgedienten Motors. Formitrol ging in das Schneetreiben hinaus, um ihm nachzuschauen, und als sie wieder hereinkam, hatte sie nasse Haare und einen feuchten Pullover. Sie war den Tränen nahe und musste sich noch einen Becher Wein einschenken, um sich zu beruhigen. Wir redeten bis spät in die Nacht. Ein Freund nach dem anderen ging zu Bett, an den Nachbartischen waren nur noch wenige, fast alle betrunken. Ich weiß nicht mehr, worüber wir sprachen: Wir sahen uns in die Augen, das weiß ich noch, und die Worte kamen uns wie gehaucht aus dem Mund. So saßen wir in Liebe versunken, während um uns herum die Gespräche über ein nahezu beendetes und schon vergessenes Treffen verstummten.

Im Flur vor der Tür ihres großen Zimmers, wo sie zu zehnt schliefen, verabschiedeten wir uns. Die Rucksäcke ihrer Freunde lagen schon auf einem Haufen auf dem Flur, man wollte diejenigen, die nicht so früh wie man selber abreisen musste, nicht wecken. Wir küssten uns auf die Wangen und trennten uns mit dem Versprechen, uns an unsere Adressen, die wir, auf zwei Papierfetzen gekritzelt, ausgetauscht hatten, zu schreiben. Im Zimmer angekommen, kletterte ich über die schlafenden Körper meiner Freunde und streckte mich auf meinem Feldbett aus. Ich hatte Angst, nicht schlafen zu können, fiel jedoch sofort in einen seligen Schlaf. In der Morgendämmerung weckte mich etwas, und ich riss die Augen auf, ohne zu wissen, warum. Formitrol hatte bestimmt keinen Lärm gemacht. Ganz leise öffnete sie die Tür und tauchte in dem schwachen Licht des Flurs auf. Sie verharrte eine Weile und schaute mich an, ohne zu bemerken, dass auch ich sie ansah, aber ich wusste nicht, was ich tun sollte. Als die Tür sich schloss, war ich wieder so allein, wie ich es bis vor wenigen Tagen immer gewesen war.

Von den darauffolgenden Wochen, die ich in Paris zur Verteilung revolutionärer Blätter im Quartier Latin verbrachte, ist nichts als eine blasse Erinnerung geblieben. Wenn ich mich anstrenge, sehe ich das Paar militanter Dreißigjähriger, die mich beherbergten, wieder vor mir. Jedes Mal wenn ich das Licht in meinem Zimmer ausmachte, begannen sie sich zu lieben und hinderten mich so am Einschlafen. Ich glaubte, dass sie mich vergessen hatten, mich, den dummen Jungen und fast unsichtbaren Gast.

Das, was ich in jener Zeit alles erlebte, ist wirklich unbedeutend – ausgenommen Formitrol. Ja, ich erinnere mich an die dunklen Straßen des Quartier Latin, höre wieder die Stimmen der Freunde, die den Namen der Zeitung ausrufen, sehe wieder den Polizisten, der sich den Hintern wärmt, den Feuerschein der Molotowcocktails, den kämpferischen Alten, der mich wegschickt, weil ich zu klein und Ausländer bin. Formitrol habe ich verloren, sagte ich mir, für immer verloren. Ich verkehrte mit Revolutionären, sie waren für mich allerdings wie die Fremdenlegion.

Ende Januar kehrte ich zurück nach Italien und in die Schule, die ich verlassen hatte. Für viele Jahre vergaß ich Formitrol.

Dann, ganz plötzlich nach der Bombe, als ich zu nichts mehr Lust hatte und mich ans Fenster begab, weil es der einzige Ort war, den ich ertragen konnte, begann ich wieder an sie zu denken. Da ich nie wissen konnte, wie unser Leben gemeinsam hätte sein können, wäre es dumm gewesen, es sich vorzustellen. Ich dachte oft an den Augenblick, als Formitrol ihren Kopf in mein Zimmer steckte und die Freunde um mich herum schliefen wie eifersüchtige Feinde. Sie sagte mit leiser Stimme:

»Ciao«, und nannte auch meinen Namen. Es war so etwas wie ein Weinen in ihrer Stimme.

Vielleicht dachte ich so oft daran, weil ich hoffte, mit meiner zwanghaften Erinnerung, mit meinem so oftmaligen schmerzlichen und reuevollen Leben in der Vergangenheit, diese zu ändern. Ich nahm den unerfahrenen Jungen unter meine Fittiche, ließ ihn über die blöden Schlafsäcke der Freunde steigen und rufen: Ich komme mit dir nach Turin, ich will dich nicht verlieren!

Warum habe ich ihre Adresse, den zerknitterten Zettel, der sogar viele meiner Brieftaschen begleitete, nicht aufgehoben? Ich weiß es nicht, weiß nicht, wann ich ihn verloren habe. Ich war mir sicher, dass wir uns eines Tages wiedertreffen würden. Wenn eine fremde Frau ein Röhrchen Formitrol aus ihrer Handtasche nahm, blieb mir das Herz stehen, ich schaute ihr in die Augen und war sofort enttäuscht. Ich konnte mich nicht sehr gut an die Augen von Formitrol erinnern, ich hoffte, sie an ihrem Blick wiederzuerkennen.

Als ich anfing, in Turin zu arbeiten, wo ich entmutigende Tätigkeiten annahm, tat ich es auch ihretwegen. Kaum aus dem Schlafwagen gestiegen, ging ich sofort in einen schicken Herrensalon, der von sehr netten und tüchtigen Mädchen geführt wurde, die sich an sonderbare erste Kunden mit Koffer gewöhnt hatten. In den Straßen hoffte ich unter Tausenden von Frauen Formitrol zu treffen. Eine Frau, nicht sehr groß, mit einem

Blick wie eine Umarmung. Wenn ich mit niemandem darüber sprach, wenn ich das Geheimnis für mich behalten konnte, würde ich sie früher oder später finden. Richtige Freunde hatte ich nicht, aber ich ging fast jeden Abend mit drei oder vier Kollegen aus, auch sie auf Durchgangsstation. Man redete oft von den Turiner Frauen, einige sagten, sie wären das einzig Schöne an der Stadt, dass die Männer hier sie vernachlässigten und der übliche Unsinn, den man über Städte so daherredet. Jede witzige Bemerkung über die Turiner Frauen verletzte mich zutiefst. Süße Formitrol, wenn ich sie nur nicht träfe, während ich gerade mit diesen riesigen zerbeulten Schlitten meiner Kollegen unterwegs war.

Wir trafen viele Frauen, und fast immer schlief einer aus unserer Gesellschaft auswärts. Wir anderen kehrten gegen drei Uhr morgens mit dem Taxi zurück in das Appartementhotel und machten Pläne für die nächste Nacht.

Nach einem Monat kam ich langsam zu der Überzeugung, dass meine Übersiedlung nach Turin gescheitert war. Formitrol würde ich nie treffen. Vielleicht war sie nach Amerika gegangen, vielleicht hatte sie fünf Kinder, vielleicht war ich verrückt geworden.

Und trotzdem, selbst bei kühler Überlegung musste ich mir weiterhin eingestehen, dass sie meine einzige Hoffnung blieb. Der liebe Gott hatte an mich und an sie gedacht: Wir sollten zusammenleben. Ich dachte an nichts anderes. Aber die morgendlichen zweistündigen Spaziergänge vor der Arbeit, das Auskundschaften der Milchhallen und schicken Bars, der Geschäfte, all dies begann mich zu belasten.

Eines Morgens, während ich so vor mich hinging, ohne mich noch suchend umzusehen, hatte ich den Einfall, den ich schon viel eher hätte haben sollen, und rannte zum nächsten Taxistand. Es war meine letzte Hoffnung, ich wollte, dass der Fahrer schneller führe, dass die verstopfte Stadt mich durchließe.

Bei der Kulturredaktion stieg ich aus und begab mich zum ältesten Redakteur.

»Es wird dir seltsam vorkommen«, sagte ich zu ihm und schlug, schreibbereit, meinen Kalender auf, »aber ich muss die Namen aller Turiner Dichter der letzten zwanzig Jahre wissen. Es wird dir seltsam vorkommen, aber das ist eine sehr ernsthafte Angelegenheit, mehr kann ich dir nicht sagen.« Er ließ sich nicht aus dem Konzept bringen und nannte mir sofort ungefähr zehn Namen, dann fügte er weitere hinzu, immer mehr in die Tiefen seines Gedächtnisses vordringend. Erst am Schluss fügte er hinzu: »Und da ist der alte … genau, wer weiß, warum ich immer denke, er sei tot.«

Ich wusste, dass es sich um ihn handelte: Das musste der Nachname von Formitrol sein. Ich eilte in mein Büro, das Gott sei Dank noch ganz verlassen war, und ließ mir die Nummer des Dichters geben.

»Ich bin ein Freund Ihrer Tochter«, sagte ich ihm. »Ich habe sie vor vielen Jahren aus den Augen verloren und da ich gerade in Turin bin …«

»Sie meinen Tiziana?«

»Ja!«

Genau, so hieß sie, das war sie, es gab sie also noch. Ich war aufgestanden und presste den Hörer an mein Ohr.

»Wenn Sie möchten, kann ich Ihnen ihre Nummer geben. Sie wohnt schon seit Jahren nicht mehr hier.«

Lieber, freundlicher alter Dichter, wie liebte ich ihn von dem Augenblick an. Er wollte, dass ich ihm meinen Namen wiederholte, und ich buchstabierte ihn deutlich und beschrieb mich näher, indem ich den Namen der Zeitung nannte.

Jetzt hatte Formitrol eine Telefonnummer. Es genügte, sie zu wählen, und aller Wahrscheinlichkeit nach würde sie antworten: »Hallo?« Ich war außer mir vor Freude und rief nicht gleich an, sondern ging um die Tische und setzte mich für ein paar Sekunden auf jeden Drehstuhl. Erst wählte ich die Nummer zweimal, ohne es klingeln zu lassen, aber dann wartete ich mit angehaltenem Atem auf ihre Antwort.

Das Treffen in einer ruhigen Bar im Zentrum war nett, es kam keinerlei Verlegenheit auf. Ich fand sie sehr schön, aber auf der Straße hätte ich sie nicht wiedererkannt. Ihr Blick umarmte einen immer noch. In ihr lebte immer noch Formitrol.

Wir sprachen von unserer Arbeit, aber ohne allzu genau zuzuhören, sahen uns vor allem an und machten nicht einmal den Versuch, uns unser Leben gegenseitig zu erzählen. Es kam sogar so weit, dass wir, als sie schließlich keine Zeit mehr für mich hatte, auch von den Straßen Turins sprachen und von der Stadt im Allgemeinen: wie zwei Fremde. Ich begleitete sie zur Tür. »Auch ich habe dich sehr gerngehabt«, sagte sie mir jetzt, wo sie wieder verschwand. »Und ich kann mich sehr gut daran erinnern. Aber es muss hierbleiben, es darf nicht mehr raus.«

Zwei Tage später gab ich meine Arbeit auf und nahm den Nachmittagszug. Meine Koffer schienen leicht und meine Stimmung war heiter. Ich war allein, vollkommen allein. Es gab niemanden mehr, weder in der Vergangenheit noch in der Gegenwart. Man konnte auch darüber lachen, und ich lachte. Die Reise war sehr lang, aber die ländliche Gegend war schön und Nebelbänke hier und da ließen sie geheimnisvoll und äußerst zart erscheinen.

Die gute Stimmung hielt viele Tage an, war stabil, auch wenn die Wirklichkeit sie hätte in Stücke reißen müssen. Ich sah niemanden, niemand suchte nach mir, und das beunruhigte mich nicht. Ganz im Gegenteil, je mehr Tage vergingen, umso fröhlicher war ich, genau wie damals, als ich noch ein Junge war und mich in den süßen Brötchen wiederfand.

Vor einem Augenblick wie dem hatte ich mich immer gefürchtet, stattdessen fühlte ich mich gut und schlief ruhig. Man bot mir sogar für die Dauer von ein paar Monaten eine neue Arbeit an. Eine nicht sehr verantwortungsvolle Tätigkeit. Vielleicht wusste ich im Innersten, dass man nur so, ohne Erwartung, etwas Neuem begegnen kann.

Eines Samstagmorgens weckte mich das Telefon.

»Ciao«, sagte eine holde Stimme. »Hier ist Formitrol.«

»Du bist es?«

»Darf ich zu dir kommen? Ich bin am Bahnhof und habe gerade einen Anschluss verpasst.«

»Ob du darfst? Natürlich darfst du.«

Eine Stunde später betrat sie zum ersten Mal meine Wohnung.

»Ich kann es nicht glauben«, sagte sie immer wieder. Sie ging zum Fenster, lachte, sah mich an, verbarg ihre Augen in den Händen. »Das ist nicht möglich!« Aber man sah, dass sie begann, glücklich zu sein.

Karl Krolow

Ziemlich viel Glück

Ziemlich viel Glück
Gehört dazu,
Dass ein Körper auf der Luft
Zu schweben beginne
Mit Brust, Achsel und Knie
Und auf dieser Luft
einem anderen Körper begegne,
Wie er
Unterwegs.
Die Atmosphäre macht
Zwei innige Torsen aus ihnen.
Unbemerkt beschreibt ihr Entzücken
Zärtliche Linien in Baumkronen.
Eine ganze Zeit noch
Ist ihr Flüstern zu vernehmen,
Und wie sie einander
Das schenken,
Was leicht an Ihnen ist.

Glücklichsein beginnt immer
Ein wenig über der Erde.

Aber niemand hat es beobachten können.

Francesco Piccolo

Der Bahnübergang

Vor vielen Jahren, als ich noch in einem kleinen Provinzstädtchen lebte, hatte ich mich in ein blondes Mädchen mit dunkler Haut verliebt, das mir schon seit Langem gefiel. Auch sie hatte sich in mich verliebt. Zwischen ihr und mir gab es zwei Unterschiede: dass ich ein Fahrzeug besaß und sie nicht; dass ich in der Innenstadt wohnte und sie nicht.

Ein Unterschiedspaar, das, im Nachhinein betrachtet, einen reinen Widerspruch darstellt. Und zwar aus folgendem Grund.

Wenn einer am Stadtrand wohnt und ein Auto hat, ist das gut.

Wenn einer im Zentrum wohnt und kein Auto hat, ist das gut.

Wenn einer am Stadtrand wohnt und kein Auto hat, ist das extrem schlecht.

Aber das ist noch nicht alles. Das Zentrum und der Stadtrand waren in meiner Stadt durch eine Art Mauer in Form eines doppelten Bahnübergangs voneinander getrennt. Meine Stadt ist eine kleine Stadt, aber als Knotenpunkt für den Schienenverkehr durchaus von Bedeutung; das erkennt man an der Anzahl von Gleisen, die in den Bahnhof hinein- und aus ihm herausführen.

Derart viele, dass nicht ein, sondern zwei Bahnübergänge in der Umgebung nötig waren. Weil sich die Gleise trennen und in zwei unterschiedliche Teile Italiens führen. Entgegengesetzte würde ich sagen, wenn ich wüsste, wohin sie führten, aber so genau habe ich das nie verstanden. Die Stadt wird von diesem Gleisbündel durchquert. Hier waren wir von der Altstadt, dort die vom Stadtrand. Der Stadtrand lag also sehr am Stadtrand, und meine Freunde aus der Altstadt meinten, als sie hörten, dass ich mit dem blonden Mädchen mit der dunklen Haut ging: Du gehst ja mit einer vom Stadtrand.

Allerdings hatte das Mädchen aber ziemlich blondes Haar und ziemlich dunkle Haut, und ich war ziemlich verliebt; und sie auch. Ich war also enthusiastisch und willig: Am Abend fuhr ich mit dem Auto vom Zentrum los, um sie am Stadtrand abzuholen, dann fuhren wir ins Zentrum zurück, da alles, wo man abends hingehen konnte, im Zentrum lag und nicht am Stadtrand. Am Ende des Abends fuhr ich sie vom Zentrum wieder an den Stadtrand und kehrte ins Zentrum zurück, wo ich wohnte. Insgesamt fuhr ich viermal hin und zurück. Insgesamt überquerte ich achtmal die Bahnübergänge.

Ziemlich oft ist es vorgekommen, dass die Bahnübergänge alle acht Male geschlossen waren. Nie ist es vorgekommen, dass die Bahnübergänge alle acht Male offen waren. Statistisch gesehen war die Wahrscheinlichkeit gleich hoch, dennoch ist der eine Extremfall viele Male eingetreten, der andere nie. An den meisten Tagen waren sie sechs- oder siebenmal geschlossen, auch fünf- oder viermal. Das heißt: Ich fuhr sie abholen, und der Bahnübergang war geschlossen. Ich wartete, bis die Bahn vorbei war. Er öffnete sich. Ich fuhr ein paar Meter vor, da der andere auch geschlossen war. Ich stellte wieder den Motor ab und wartete, bis der Zug vorbei war. Die Schranke öffnete sich, und endlich konnte ich zu dem blonden Mädchen mit der dunklen Haut. Wenn sie herunterkam, versuchte ich, schnell den Bahnübergang zu erreichen, und manchmal gelang es mir, den ersten zu überqueren, aber den zweiten nicht, oder andersherum. Oder alle beide. Und war der Abend zu Ende, ging alles von neuem los.

Am Anfang war es mir egal. Ich wartete geduldig ab. Und fuhr weiter, bis ich schließlich bei ihr war. Sie kam herunter, wir küssten uns, fragten uns, wie geht's, habe ich dir gefehlt, worauf hast du Lust, liebst du mich wirklich so doll. Dann warteten wir auf die Züge und fuhren ins Zentrum. Auf dem Rückweg, während wir warteten, küssten wir uns. Vor ihrem Haus blieben wir stehen, redeten, küssten und berührten uns. Wir beteuerten uns, du wirst mir fehlen, fragten, was machen wir morgen und liebst du mich wirklich so sehr. Dann stieg sie aus dem Auto, und ich schaute ihr hinterher, bis sie im Haus verschwunden war. Liebestrunken fuhr ich wieder nach

Hause, wartete, dass ein oder zwei Züge passierten, und dachte daran, wie sehr ich sie liebte.

Seit etlichen Jahren hieß es, es solle eine Unterführung gebaut werden. In den Lokalzeitungen war hin und wieder die Rede davon, und die Leute, die an den Bahnübergängen wohnten, sprachen darüber. Bislang hatte mich das wenig interessiert. Dann aber äußerte sich das erste Anzeichen von Unruhe in mir: Wenn ich in den Lokalzeitungen von dem Projekt der Unterführung las, wurde ich neugierig, versuchte alles zu erfassen und verschlang den gesamten Artikel. Denn seit ein paar Jahren gab es wenige hundert Meter entfernt einen abgezäunten Baustellenbereich, und das Schild kündigte den Bau einer doppelten Unterführung an. Allerdings – fiel mir damals auf – sah man nie jemanden dort arbeiten, sodass wir die Baustelle für die Unterführung am Ende alle nicht mehr als etwas Reales ansahen, wo tatsächlich etwas geschehen würde.

Das zweite beunruhigende Anzeichen war ein innerer Stoß, den ich mit der Zeit spürte, sobald das Glöckchen am Bahnübergang läutete, als Warnhinweis darauf, dass in wenigen Sekunden die rot-weißen Schranken heruntergingen: als würden die Nervenenden sich bemerkbar machen und alle zusammen losschreien.

Das dritte beunruhigende Anzeichen war der hypnotische Zustand, in den ich fiel, während der Bahnübergang geschlossen war und ich die rot-weißen Streifen anstarrte und dachte, dass es gar keine rot-weißen Streifen wären, sondern rote Streifen auf weißem Grund. Und ich dachte, wie sehr sie nachts hervorstachen, denn nachts setzte der hypnotische Zustand tatsächlich in dem Moment ein, wenn ich den Motor ausstellte und die roten Streifen auf weißem Grund anzustarren begann, die meiner Ansicht nach die Schranke nur wie rot-weiß gestreift wirken ließen.

Die Tage zogen ins Land, die Schranken senkten und hoben sich, die Liebe festigte sich, aber damit kam auch die Gewöhnung. Langsam, aber sicher verschob sich meine Konzentration von dem blonden Mädchen mit der dunklen Haut auf die Bahnübergänge.

Wenn es Abend wurde, bekam ich schlechte Laune. Ich nahm das Auto und fuhr los. Wenn ich vor dem geschlossenen Bahnübergang ankam, presste ich die Kiefer zusammen und ballte die Fäuste. Ein paar Mal habe ich ihn sogar mit Vollgas noch überquert, während sich die Schranke schon senkte. Einmal habe ich abrupt gebremst, und wäre ich nur zwanzig Zentimeter später zum Stehen gekommen, wäre die Schranke auf meine Motorhaube geknallt.

Ich rief in den Türsprecher: Komm runter. Und gleichzeitig lauschte ich mit gespitzten Ohren nach dem Glöckchen in der Ferne. Sobald ich es hörte, pressten sich die Kiefer zusammen und ballten sich die Fäuste, und wenn das blonde Mädchen mit der dunklen Haut herunterkam, fragte sie verwundert: Was ist denn los, warum bist du so nervös?

Was ich herausgefunden hatte, war, dass kein Anwohner vom Stadtrand den Bahnübergang als ein Problem ansah. Sie ignorierten ihn. Wahrscheinlich hatten sie das mit der Zeit gelernt, hatten das Problem überwunden oder verdrängt, und nun war es unmöglich, es ihnen zu erklären. Das ständige Hoch und Runter kümmerte sie nicht. Ich konnte mich also nicht einmal abreagieren.

Auf dem Rückweg war ich abgelenkt, während ich sie küsste und wir auf das Öffnen des Bahnübergangs warteten, weil ich mitbekommen wollte, ob der Zug vorbeifuhr und das Glöckchen bereits für den Nächsten klingelte. Vor dem Haus angelangt, warf ich das blonde Mädchen mit der dunklen Haut aus dem Auto, schubste sie förmlich, um mit quietschenden Reifen zurückzusetzen und mit einhundertfünfzig Stundenkilometern auf die Bahnübergänge zuzurasen, bevor sie wieder zugingen. Ich blieb nur dann noch ein bisschen bei ihr, wenn ich das Glöckchen bereits gehört hatte, aber abgelenkt war ich trotzdem, denn mit halbem Ohr lauschte ich schon wieder nach dem vorbeifahrenden Zug. Sie sagte: Du bist merkwürdig. Ich beruhigte sie, aber wenn der Zug vorbei war, warf ich sie raus und haute ab.

Langsam gefielen mir auch die Mädchen, die im Zentrum wohnten. Da war eine, bei mir aus dem vierten Stock, die ich immer wieder anrief, so lange, bis ihr Freund versuchte, mich zu verprügeln. Aber ich verprügelte ihn. Keiner hätte es in jener Zeit mit mir aufnehmen können, dermaßen nervös war ich, in mir hatte sich eine geballte Ladung Frust angestaut, und ich hatte den Eindruck, als ginge während der Hypnose etwas Ähnliches mit mir vor wie mit Hulk, wenn er sich in Hulk verwandelt – ich konnte es kaum erwarten, dass mich jemand verprügeln wollte, um ihn dann selbst ordentlich zu verprügeln.

Die Sache nahm eindeutig besorgniserregende Züge an, als meine Hände, wenn sich der Abend näherte, zu zittern begannen, sich meine Sätze in Fragmente auflösten und meine Laune sich verfinsterte. Bis sie eines Abends beschloss, Klartext zu reden: Du liebst mich nicht mehr. Die Wahrheit konnte ich ihr nicht sagen: dass ich sie noch immer liebte, und wie. Und dass unsere Geschichte, wäre sie ein Mädchen aus der Altstadt gewesen, nie zu Ende gegangen wäre.

Ich sagte: Stimmt, ich liebe dich nicht. Und es war zu Ende.

In den folgenden Monaten ging es mir blendend. Ich ging mit meinen Freunden aus der Altstadt aus und auch mit dem einen oder anderen Mädchen aus der Altstadt. Ab und zu ging ich sogar zu Fuß aus und sagte Sachen wie: Wie schön das Leben doch sein kann. Manchmal kam das blonde Mädchen mit der dunklen Haut in die Altstadt, und wenn wir uns begegneten, überkam mich eine große Sehnsucht, aber dann hörte ich wieder den Klang des Glöckchens, den ausgehenden Motor und sah die herabsinkenden Schranken vor mir, diese roten, leicht diagonalen Streifen, und ich wehrte mich dagegen, meine Gefühle irgendwie ernst zu nehmen.

Dann kam das Jahr 1990. Einige meinten, dass es der Fußballweltmeisterschaft in Italien zu verdanken sei, andere, dass alles seine Zeit brauche, wiederum andere, dass die Politiker endlich nicht mehr nur an sich dächten. Auf jeden Fall ist 1990 ein Großteil sowohl der städtebaulichen Probleme meiner Stadt gelöst worden als auch der Probleme meines Lebens in Liebesdingen. Im März wurde die Unterführung eingeweiht, und seitdem sind die Bahnübergänge halb verwaist und öffnen und schließen sich unbeirrt, ohne dass es jemand mitbekommt. Ich habe mich wieder häufiger mit dem blonden Mädchen mit der dunklen Haut getroffen und in meinem Inneren keinen Widerstand mehr gegen meine Liebe gespürt. Es hat lange gedauert, sie davon zu überzeugen, dass ich es ehrlich meinte, dass ich nie aufgehört habe, sie zu lieben, denn für sie ergab es keinen Sinn, dass ich mich, obwohl ich sie geliebt habe, so lange von ihr getrennt hatte. Nie hat sie die Bahnübergänge oder die Unterführung in Verdacht gehabt, aber am Ende hat sie eingesehen, dass es stimmte, dass ich nie aufgehört habe, sie zu lieben, und sie sagte: Ich auch nicht.

Später sind wir nach Rom gezogen, haben geheiratet und zwei Kinder bekommen. Wenn wir zurückkehren, um die Großeltern zu besuchen, fahren wir in die Unterführung hinein und wieder hinaus. Und jedes Mal sage ich: Schön, diese Unterführung, nicht wahr? Meine Tochter schaut sie sich an, in der Hoffnung, irgendetwas Weltbewegendes daran zu entdecken, zuckt mit den Schultern und sagt: Wenn du meinst.

Zur Erklärung sage ich dann, dass man vor 1990 zwei Bahnübergänge überqueren musste, um in den anderen Teil der Stadt zu kommen. Nicht einen, zwei.

Nachdem sie mir mit gebührendem Respekt zugehört haben, sehen sie sich an, als meinten sie: Ja und? Denn meine Erklärung ist nicht schlüssig.

Also füge ich halblaut hinzu: War nur so, zum Spaß.

Paul Auster

Fünf

Im Kindergarten meines Sohnes war ein Mädchen, dessen Eltern sich gerade scheiden ließen. Der Vater der Kleinen war mir recht sympathisch, ein glückloser Maler, der sich mit Vorträgen zu architektonischen Themen über Wasser hielt. Mir gefielen seine Bilder sehr, aber er fand einfach keine Galeristen, die sich für seine Arbeit einsetzten. Und als er endlich einmal eine Ausstellung hatte, machte die Galerie prompt Bankrott.

B. und mich verband nur eine lockere Freundschaft, aber wir waren gern zusammen, und von jedem meiner Besuche bei ihm kehrte ich mit erneuerter Bewunderung für seine Beharrlichkeit und innere Ruhe nach Hause zurück. Er war keiner von denen, die ständig schimpften oder sich in Selbstmitleid ergingen.

So düster sich seine Lage in den letzten Jahren auch gestaltet haben mochte (endlose Geldschwierigkeiten, Ausbleiben des künstlerischen Erfolgs, Kündigungsdrohungen seines Vermieters, Scherereien mit seiner Exfrau), nichts von alldem schien ihn aus der Bahn zu werfen. Er malte mit stets gleichbleibender Leidenschaft weiter, und im Gegensatz zu so vielen anderen bekundete er niemals Verbitterung oder Neid auf weniger talentierte Künstler, denen es besser ging als ihm.

Wenn er nicht an eigenen Gemälden arbeitete, ging er gelegentlich ins Metropolitan Museum und fertigte Kopien von alten Meistern an. Ich erinnere mich an einen Caravaggio, den er einmal kopierte und den ich äußerst bemerkenswert fand. Es war eher eine Reproduktion als eine Kopie, ein exaktes Duplikat des Originals. Bei seiner Arbeit im Museum wurde B. einmal von einem texanischen Millionär beobachtet, und der war so beeindruckt, dass er ihn beauftragte, eine Kopie eines Gemäldes von Renoir anzufertigen – die er dann seiner Verlobten zum Geschenk machte.

B. war außergewöhnlich groß (knapp zwei Meter), er sah gut aus und hatte ein freundliches Wesen – Eigenschaften, die ihn für Frauen besonders attraktiv machten. Als er nach der Scheidung wieder zu haben war, konnte er sich die Frauen praktisch aussuchen. Ich sah ihn nur zwei- oder dreimal im Jahr, aber dann hatte er jedes Mal eine andere. Sie alle waren offensichtlich verrückt nach ihm. Man brauchte nur zu beobachten, wie sie B. ansahen; sie zeigten ihre Gefühle deutlich genug, aber aus irgendwelchen Gründen hielten diese Affären nie sehr lange.

Nach zwei, drei Jahren machte B.s Vermieter seine Drohungen schließlich wahr und kündigte ihm den Mietvertrag für seinen Loft. B. zog aus der Stadt, und ich verlor den Kontakt zu ihm.

Es vergingen etliche Jahre, und dann kam B. eines

Abends in die Stadt zurück, um an einer Dinnerparty teilzunehmen. Meine Frau und ich waren auch da, und da wir wussten, dass B. demnächst heiraten würde, baten wir ihn zu erzählen, wie er seine künftige Frau kennengelernt habe.

Vor etwa sechs Monaten, sagte er, habe er mit einem Freund telefoniert. Dieser Freund habe sich Sorgen um ihn gemacht und nach einer Weile angefangen, B. Vorhaltungen zu machen, dass er nicht wieder geheiratet habe. Deine Scheidung liegt jetzt sieben Jahre zurück, sagte er, und in dieser Zeit hättest du ein Dutzend attraktive und bemerkenswerte Frauen heimführen können. Aber keine ist gut genug für dich, du hast sie alle abgewiesen. Was hast du bloß, B.? Was erwartest du denn eigentlich?

Ich habe überhaupt nichts, sagte B. Ich habe bloß noch nicht die Richtige gefunden, das ist alles.

Bei deinem Verschleiß wird dir das nie gelingen, erwiderte der Freund. Ich meine, hast du jemals eine Frau kennengelernt, die dem, was du suchst, nahekommt? Nenn mir eine. Na los, nenn mir eine, eine einzige.

Verblüfft von der Heftigkeit seines Freundes, wurde B. still und dachte sorgfältig über die Frage nach. Ja, sagte er schließlich, eine habe es gegeben. Ihr Name sei E., er habe sie vor über zwanzig Jahren während seines Studiums in Harvard kennengelernt. Aber sie sei damals mit einem anderen zusammen gewesen, und er selbst habe auch eine andere gehabt (seine künftige Exfrau), deshalb habe sich nichts mit ihr ergeben. Er habe keine Ahnung, wo E. jetzt lebe, sagte er, aber wenn er jemanden wie sie kennenlernen könnte, würde er mit Sicherheit nicht zögern, noch einmal zu heiraten.

Damit war das Telefonat zu Ende. Bis er sie seinem Freund gegenüber erwähnt hatte, hatte er mehr als zehn Jahre lang nicht an diese Frau gedacht, aber jetzt, da sie wieder in seinen Gedanken aufgetaucht war, konnte er kaum noch an etwas anderes denken. Ich den nächsten drei, vier Tagen dachte er unablässig an sie, er konnte das Gefühl nicht loswerden, dass er vor vielen Jahren seine einzige Chance auf ein glückliches Leben verspielt hatte. Und dann, fast als wäre durch die Intensität dieser Gedanken ein Signal in die Welt hinausgeschickt worden, klingelte eines Abends das Telefon, und am anderen Ende der Leitung war E.

B. ließ sie erst nach über drei Stunden wieder auflegen. Er wusste kaum, was er zu ihr sagte, redete aber bis nach Mitternacht weiter, denn ihm war klar, dass sich etwas Wichtiges ereignet hatte und dass er diese Frau nicht noch einmal ziehen lassen durfte.

E. hatte sich nach dem Collegeabschluss einer Tanztruppe angeschlossen und dann zwanzig Jahre lang nur für ihre Karriere gelebt. Geheiratet hatte sie nicht, und nun, da sie als Tänzerin aufhören wollte, versuchte sie wieder Kontakt mit der Welt aufzunehmen und rief alte

Freunde aus ihrer Vergangenheit an. Sie hatte keine Familie (ihre Eltern waren bei einem Autounfall ums Leben gekommen, als sie noch ein kleines Mädchen war) und war bei zwei Tanten aufgewachsen, die inzwischen beide gestorben waren.

B. verabredete sich mit ihr für den nächsten Abend. Als sie erst zusammensaßen, brauchte er nicht lange, um festzustellen, dass seine Gefühle für sie tatsächlich genauso stark waren, wie er sich vorgestellt hatte. Er verliebte sich noch einmal in sie, und einige Wochen später waren sie verlobt.

Und was die Geschichte noch perfekter machte: Es stellte sich heraus, dass E. finanziell vollkommen unabhängig war. Ihre Tanten waren reich gewesen, und nach ihrem Tod hatte sie das ganze Geld geerbt – B. hatte also nicht nur seine wahre Liebe gefunden, sondern war auch plötzlich die drückenden Geldsorgen los, die ihn seit so vielen Jahren geplagt hatten. Und das alles auf einen Streich.

Ein, zwei Jahre nach der Hochzeit bekamen sie ein Kind. Nach jüngsten Berichten sind Mutter, Vater und Baby glücklich und zufrieden.

Betty Smith

Commencement

Der Juni kam zu schnell. Annie spürte den atmosphärischen Wechsel auf dem Campus und in der College-Stadt, indem die Abschlussfeier nahte, das *Commencement,* was ja eigentlich Beginn bedeutete. Sie verbrachte Stunden mit der Überlegung, was diesen Wandel wohl bedingte. Sie verspürte ein Gemisch aus freudiger, intensiver Erwartung und trauriger, sentimentaler Wehmut. Diese Stimmung ging von den angehenden Graduierten aus.

Gut möglich, dachte Annie, dass die vier Jahre hier den Übergang zwischen Vergangenheit und Zukunft darstellen. In der Zeit wurden sie von Jungen und Mädchen zu Männern und Frauen. Sie kamen von zu Hause, als sie noch sehr jung waren, siebzehn und achtzehn, und ein paar ganz Kluge sechzehn. Vielleicht wussten sie es gar nicht, doch mit dem Tag, als sie ihr Zuhause Richtung College verließen, beendeten sie den Zuhause-Teil ihres Lebens.

Und nun gehen sie in die Welt hinaus und beginnen mit dem Leben, das sie führen werden, bis sie sterben. Der Gedanke daran erschreckte Annie. Und sie können nicht wieder zurück, dachte sie. Sicher, sie können immer wieder nach Hause. Aber dann wird nur ihr äußerlicher Teil zu Hause sein, nicht ihr Geist, nicht ihre Gedanken.

Jetzt weiß ich, dachte sie, warum es *Commencement* heißt. Weil damit nämlich der Beginn dieses neuen Lebens gefeiert wird.

Annie lag in stillen Juninächten wach und hörte Fetzen des Gesangs der Jungen, die über den Campus liefen. Sie sangen traurige Lieder über »Dear Old Alma Mater« nach der Melodie des traurigsten und ältesten aller College-Lieder: »Far Above Cayuga's Waters«. Für Annie war das alles wunderbar traurig.

In einer besonders stillen Nacht, als der Wind gut stand, hörte sie den Text dieses Liedes ganz deutlich, und sie setzte sich im Bett auf und sang mit den Jungs »Dear Old Alma Mater«. Sie wollte zu allem dazugehören. Carl wachte auf und fragte, ob sie Wiegenlieder übe. Nein, sagte sie, sie wolle nur das Gefühl für das *Commencement* haben. Dann sagte sie, wie sie herausbekommen habe, warum es *Commencement* heiße.

»Weil sie dann ein völlig neues Leben beginnen«, erklärte sie.

»Aber Annie, das weiß doch jeder. Das ist nichts Neues.«

»Aber Carl, ich habe es jetzt zum ersten Mal gespürt und es selbst rausgekriegt, also ist es für mich neu.«

In gewisser Hinsicht war die letzte Stunde des Dramakurses Annies *Commencement*. Der College-Teil meines Lebens ist vorbei, dachte sie. Zu früh – zu früh. Und zu früh werde ich mein Leben als Mutter beginnen. Der Gedanke war traurig, aber auch erregend.

Die letzte Stunde erinnerte sie an eine Geschichte, die sie als Kind gelesen hatte – den Titel hatte sie vergessen –, über die letzte Stunde Französisch. Am nächsten Tag mussten die Kinder Deutsch lernen. Beim Lesen hatte sie geweint; es war traurig gewesen und wirkte so real, genauso, wie die letzte Dramastunde traurig und real war.

Es war eine informelle Stunde. Mr Haise saß auf der Schreibtischkante, ein Bein schwingend, das andere auf dem Fußboden. Die Studenten saßen alle in den ersten beiden Stuhlreihen. Mr Haise lenkte ihre Erinnerungen. Man erzählte sich von Stücken, die im Semester geschrieben worden waren, manche wurden erneut gelobt, andere gutmütig verworfen. Erneut bekam Annies *Fühlloses Fleisch* eine Abreibung, doch Annie lachte zusammen mit den anderen. Zum ersten Mal sprach sie vor der ganzen Gruppe.

»Ich entschuldige mich«, sagte sie. »Und ich bin bereit, es zu vergessen, wenn Sie es auch tun.«

Und Mr Haise sagte erneut, was er schon viele Male gesagt hatte: dass man von einem schlechten Stück ebenso viel lernen könne wie von einem guten. Das glaubte

Annie nicht, fand aber, dass es ihr nicht zustand, diese Aussage anzuzweifeln.

Dann wurde es Zeit für die wunderbare Ankündigung!

Ein Ehemaliger, der in vier Jahren College jeden verfügbaren Schreibkurs mitgemacht hatte, war ein bekannter und wohlhabender Ingenieur geworden. Dennoch hatte er sich die alten Gefühle für seine erste Liebe bewahrt: das Schreiben. Er hatte eine Summe gespendet, mit der die Druckkosten eines Bandes mit sieben vom Kurs verfassten Einaktern finanziert werden sollten. Seine einzige Bedingung dabei war, dass das Buch ihm gewidmet sein sollte.

Im Laufe von zwei Jahren hatte Mr Haise vier Stücke gesammelt, die er für würdig befand. Er stand nun auf und zog aus der Innentasche seines Jacketts ein gefaltetes Blatt Papier. Er faltete es auseinander, betrachtete reihum alle Studenten, räusperte sich und sagte:

»Ich freue mich, dass zwei Stücke aus diesem Semester einer Veröffentlichung würdig sind. Das macht dann sechs Stücke. Noch eines, und wir haben das Buch.«

Zwei Stücke! Es bestand kein Zweifel, von wem sie stammten. Eine hübsche Frau namens Sylvia Connel und ein Verbindungsbruder namens Thomas Buchanon wechselten triumphierende Blicke.

»Wir haben aber noch ein drittes Stück. Also, gut überarbeitet könnte es unser siebtes werden, dann könnte das Buch im Herbst erscheinen.«

Annie wurde hellwach. Könnte das womöglich *ihr* Stück sein? Bitte, lieber Gott, lass es meins sein. Ich will dann auch Tag und Nacht daran arbeiten! Ich mache alles …

»Das erste Stück«, sagte Mr Haise, worauf der Kurs verstummte, »ist« – er machte eine Spannungspause – »ist *Eine Nacht in den Gräben* von Thomas Buchanon!«

Alles blickte auf Tom und applaudierte höflich. Der Junge neben ihm schüttelte ihm die Hand.

»Das zweite Stück hat eine sehr verheißungsvolle junge Dame verfasst.« Die schöne Sylvia setzte sich gerade hin, lächelte und senkte bescheiden den Blick, während der ganze Kurs beifallsbereit zu ihr hinsah. »Das zweite Stück …« Mr Haise machte wieder eine Pause und schaute auf Annie. »Das zweite Stück: *Die Heirat* von Annie Brown!«

Unwillkürlich erhob sich ein Gemurmel im Kurs. Annie wurde eiskalt! Gleichzeitig mit der Verkündigung geschah etwas vollkommen Unerwartetes. Das Kind in ihr regte sich. Zum ersten Mal spürte sie sein Leben! Einen Moment lang war Mr Haise' Verkündigung bedeutungslos. Dann aber reagierte sie und zitterte am ganzen Leib.

Sylvia wollte wie zum Protest aufstehen, setzte sich aber wieder hin und applaudierte Annie am lautesten von allen. Annie versuchte ein Lächeln, wollte allen danken, doch sie schaffte es einfach nicht.

Ein klein geratener Junge mit buschigen Haaren und einer dicken Brille, der bei den Studenten wie beim Lehrer unbeliebt war, weil er bei der Besprechung der Stücke im Kurs zu viele Haare spaltete, hatte sich erhoben.

»Ihr Stück zählt nicht«, sagte er. »Sie ist nicht an der Universität eingeschrieben.«

Annies kleine Welt zerfiel. Sie blickte flehend auf Mr Haise.

»Es gibt zwei Vorgaben, Mr Cronth«, sagte der trocken. »Die eine: Das Stück muss gut sein. Die zweite: dass es im Kurs verfasst ist. Mrs Brown ist also qualifiziert. Weitere Fragen?«

»Wenn ich das sagen darf«, sagte Tom, der in die schöne Sylvia verliebt war. »Ich finde, Miss Connels Stück sollte veröffentlicht werden.«

»Es ist nicht ganz stimmig«, sagte Mr Haise. »Es enthält alle Elemente eines guten Stücks, aber irgendwie wird es nicht richtig lebendig.« Zu Annie sagte er: »Mrs Brown, Sie haben es nicht kommentiert, als es vorgelesen wurde.«

»Sie haben mich ja auch nicht gefragt, Mr Haise.«

»Dann frage ich Sie jetzt. Können Sie erklären, was ihm zu einem guten Stück fehlt?«

»Es sind die Dialoge«, sagte Annie. »Die stimmen nicht. Da sind ja diese Mädchen von der Verbindung, und es ist Samstagabend, draußen regnet es, und sie sitzen da und reden über ihre Freunde. Die Mädchen stammen alle aus derselben Klasse – vielmehr, haben dieselbe Herkunft. Daher denken und reden sie auch alle gleich. Und so hat Miss Connel es auch geschrieben. Aber ich finde doch, selbst wenn sie alle gleich reden, würden sie doch unterschiedlich gleich reden. Ich weiß, was ich meine, aber ich sage es nicht richtig.«

»Das ist doch sehr gut, Mrs Brown«, sagte Mr Haise. »Sie wollen sagen, dass es dem Stück an Charakterisierung fehlt. Die Dialoge stimmen deshalb nicht, weil wir die Charakterisierung eben durch die Dialoge erhalten.« Er zählte die Elemente des Dialogs auf. »Jede Dialogzeile muss: erstens, die sprechende Person charakterisieren, zweitens, die Handlung voranbringen, und drittens, in sich interessant sein. Der perfekte Dialog hat alle drei Elemente. Der gute zwei. Miss Connels Dialoge haben nur eines: Voranbringen der Handlung. Also, Miss Connel, wenn Sie Ihr Stück umschreiben wollten, würde ich es zum siebten machen, dann könnte das Buch im Herbst erscheinen.«

»Ich wüsste nicht, warum, Mr Haise. Mein Vater hat es gelesen und gemeint, es sei in Ordnung. Wie Sie ja wissen, ist er Regisseur am Broadway.«

Mr Haise drehte die Arme, die flachen Hände zur Gruppe hin gerichtet, und zuckte die Achseln, wie um zu sagen: Ich geb's auf. Der Campanile schlug, womit die letzte Stunde des Jahres um war.

»Das war's!«, sagte Mr Haise. »Und ich wünsche Ihnen allen einen schönen Sommer.«

»Ihnen auch«, rief der Kurs im Chor.

Annie blieb noch, bis die anderen gegangen waren, um sich bei Mr Haise zu bedanken, dass er ihr Stück genommen hatte. Er meinte galant, keine Ursache, er wünschte nur, es gäbe mehr Stücke wie Annies. Er hoffte, sie könne auch an seinem anderen Kurs fürs mehraktige Schauspiel im Herbst teilnehmen, und zeigte sich enttäuscht, als Annie sagte, sie könne im Herbst keine Kurse mehr besuchen, weil sie da schon ein Kind bekommen haben würde.

Sie verabschiedete sich und musste sich sehr zusammennehmen, um nicht zu weinen, als sie ihm die Hand gab. Draußen warteten Tom und Sylvia auf sie und luden sie zu einer Cola ein. Tom, der sein Stück unbedingt veröffentlicht haben wollte, bat Sylvia, ihres doch umzuschreiben, damit sich das Erscheinen nicht noch um ein weiteres Jahr verzögerte.

»Tun wir uns doch zusammen, Annie«, sagte er, »und *zwingen* sie, dass sie es überarbeitet, damit du und ich damit prahlen können, dass wir veröffentlichte Dramatiker sind.«

»Na, hör mal!«, sagte Sylvia. »Mein Stück ist gut so, wie es ist. Ich bastle nicht mehr dran herum.«

»Nicht mal, damit es *veröffentlicht* wird?«, fragte

Annie. »Das klingt für dich vielleicht komisch, Sylvia, aber ich finde, etwas veröffentlicht zu haben ist doch das Wunderbarste auf der Welt.«

»Du sprichst mir aus der Seele, Annie«, sagte Tom.

»Ihr seid ganz süß, ihr beiden«, sagte Sylvia. Sie legte eine Hand Annie und die andere Tom auf den Arm. »Und ich wünsche euch beiden alles Glück der Welt, ihr angehenden Dramatiker. Aber im Ernst! Ich habe nicht vor, mit Schreiben Karriere zu machen. Ich habe den Kurs nur mitgemacht, weil ich Schauspielerin werden will, und da dachte ich, ich sollte auch ein bisschen was darüber wissen, wie ein Stück aufgebaut ist. Jetzt trinken wir noch eine Cola und reden über was anderes.«

Sie unterhielten sich über den Kurs und erinnerten sich an die lustigen Dinge, die darin geschehen waren, und Tom machte den Studenten Cronth nach, der immerzu gegen alles etwas hatte und in rein gar nichts etwas Gutes fand. »Gottes kleiner zorniger Mann«, sagte Tom.

Und sie lachten und redeten, und Annie hörte zu und lächelte und fand, dass sie zu ihnen und zur Universität gehörte, und sie wünschte sehnlichst, es wäre früher passiert, als es ihr noch so viel bedeutet hatte.

»Ich fasse es nicht, Carl! Ich fasse es einfach nicht! Ich begreife es nicht! Allein die Vorstellung, dass eine wie ich ... *Ich,* Carl! Und ich war noch nicht mal an der Highschool, hatte nie eine Arbeit, in der mein Verstand gefordert war. Und meine Mutter und mein Vater hatten keinerlei Bildung erhalten – und wie wir arm waren und in einer Mietskaserne wohnten – und wie Mama mir immer gesagt hat, ich weiß nichts und hab nichts im Kopf. Und deine Mutter. Wie sie denkt, ich bin ein Nichts – für dich nicht gut genug. Ich! Ich! *Ein Stück, das ich geschrieben habe, erscheint in einem Buch!*«

Carl wollte ihr sagen, sie solle sich nicht allzu viele Hoffnungen machen – dass solche Dinge manchmal nicht hinhauten. Dass die University Press das Buch womöglich nicht für veröffentlichenswert halte, selbst wenn es finanziert sei, dass das nötige siebte Stück vielleicht noch ein, zwei Jahre auf sich warten lasse. Oder dass es bei der wachsenden Beliebtheit des Dramakurses und mehr Teilnehmern überlegene Stücke geben und Annies zurückgezogen werden könne, um Platz für ein besseres zu schaffen.

Doch er ließ sie reden. Sinnlos, ihr großes Glück zu verderben.

»Oh, und Mr Haise hat mich zum Dreiakter-Kurs im nächsten Semester eingeladen. Er hat gesagt, ich würde –«

Sie brach ab. Sie holt tief und zitternd Luft, und ihr Gesicht erstarrte zu einem angespannt wartenden Blick.

»Annie! Was ist?«

Sie nahm seine Hand und legte sie auf ihren Bauch. »Fühl mal, Carl! Fühl!«

Das Kind in ihr bewegte sich unter seiner Hand. Er erschrak heftig und riss die Hand zurück, als wäre sie an Feuer geraten. »Großer Gott, Annie!«

»Das Baby! Es lebt, und es bewegt sich!«

»Tut es dir weh?«, fragte er besorgt.

Sie lachte. »Natürlich nicht! Es fühlt sich bloß komisch an, mehr nicht. Komisch ... die Vorstellung, dass ich zwei Leben führe.«

»Na, das hat mir jedenfalls einen gehörigen Schrecken eingejagt.« Er griff nach seinen Zigaretten in der Tasche. Die Schachtel war leer. Er zerknüllte sie und warf sie in den Mülleimer.

»Ach, Carl«, sagte sie zerknirscht, »in der ganzen Aufregung um das Stück und das Baby, das sich bewegt hat, hab ich ganz vergessen, dir deine Zigaretten zu holen!«

»Ach, das macht doch nichts, mein Herz.«

»Doch! Hol dir jetzt ein Päckchen. Oder gleich zwei. Dann sparst du einen Penny.«

»Ich muss aber nicht rauchen.«

»Doch, und das weißt du auch. Außerdem brauche ich einen Laib Brot, und ich bin zu müde, um zum Laden zu gehen.«

»Ist auch wirklich alles in Ordnung, Annie?«

»Ach, Carl!«, sagte sie mit leidgeprüfter Miene.

Als er zurückkam, saß sie am Tisch und schrieb wie eine Wilde. Er war erleichtert. Dann geht's ihr also gut, dachte er, sonst würde sie ja nicht schreiben. Er nahm an, dass sie ihre Reaktion auf die Möglichkeit, ein Stück veröffentlicht zu bekommen, aufschrieb. Sie hat's gut, dachte er, dass sie so ein Ventil hat. Nichts wird sie umwerfen – egal, was mal mit ihr geschieht –, wenn sie es zu Papier bringen kann.

Er küsste sie auf den Kopf und schaute ihr über die Schulter. Er erwartete einen Titel wie *Meine erste Veröffentlichung* oder dergleichen.

Der Titel lautete aber *Mein erstes Kind*. Neue Zeile, neue Zeile, dann der erste Satz: *Heute habe ich Leben gespürt ...*

David Van Reybrouck

Ode an die Ex

Und da saßen wir auf einmal wieder. In einem Lokal in Brüssel, letzte Woche Montag. Es war Abend, und wir saßen nebeneinander, so wie früher. Beobachteten die Leute, spürten den Schenkel des anderen, dachten an den Satz von Antoine de Saint-Exupéry: »Aimer, ce n'est pas se regarder l'un l'autre, c'est regarder ensemble dans la même direction.« [»Lieben heißt nicht, einander anzuschauen, sondern gemeinsam in die gleiche Richtung zu schauen.«]

Ja, wir haben oft in die gleiche Richtung geschaut. Sechs Jahre lang. Bewegt von so vielem, staunend über noch mehr und manchmal einfach nur glücklich mit dem Apfel-Möhren-Ingwer-Saft, den wir sonntagmorgens füreinander pressten.

Und hier saßen wir nun. Nach drei Monaten Schweigen. Sie bestellte ein Glas Portwein. Wie seltsam, das tat sie früher nie. Alles war anders, und doch schien es wie ehedem.

Wer sind eigentlich die Menschen, die wir einst so geliebt haben? Das Wort »Ex« wird den intensiven, vielschichtigen Beziehungen nicht gerecht, die wir mit unseren früheren Lieben haben. Vielleicht sind die beständigsten Beziehungen in einem Menschenleben ja überhaupt mit ehemaligen Partnern möglich. Die Liebe ist vorbei, die Vergangenheit bleibt, so in etwa. Aber warum muss das so oft unerträglich sein? Und mit so viel Verbitterung einhergehen?

Kummer, der sich als Härte tarnt. Verlust, der sich als Neid äußert. Todsünde. Die Freundschaft endet doch nicht, weil eine Beziehung vorbei ist? Wenn eine Form nicht mehr passt, verflüchtigt sich doch nicht der Inhalt?

Manchmal fließen Leben zusammen, manchmal fließen sie wieder auseinander. Rodaan Al Galidi schrieb darüber das schönste Abschiedsgedicht der niederländischen Lyrik:

> Morgen
> gehe ich zu der Frau, die ich liebe
> und gebe ihr ihre Flügel zurück.

Natürlich ist es noch besser, wenn diese Flügel während der Beziehung nie verschwunden sind, doch Flügel sind so leicht, man weiß oft gar nicht, ob man sie überhaupt noch besitzt.

Ich habe keine Schwestern, aber ehemalige Freundinnen sind etwas Ähnliches, glaube ich. Frauen, die mich durch und durch kennen, vor denen ich nichts zu verbergen habe, die ich trotz allem immer noch mag. Ich weiß nicht, ob ich mit einer von ihnen noch mal neu anfangen möchte, aber ich weiß genau, dass ich die Zeit mit ihnen um keinen Preis der Welt missen möchte. Sie alle dürfen auf meiner Todesanzeige stehen.

Sie steht auf, um am Tresen noch etwas zu bestellen. Ich denke daran, wie ich vor langer Zeit einmal auf die Idee kam, eine Frau mit den Worten zu verführen: »Komm, lass es uns miteinander versuchen, ich werde ein fantastischer Ex sein«, ein Versprechen, das ich sogar gehalten habe. Ich denke an das Wiedersehen mit einer anderen Frau: Schon gleich am Anfang wusste ich wieder ganz genau, warum ich damals mit ihr zusammen sein wollte, gegen Ende war mir wieder völlig klar, warum ich mich von ihr trennen musste. Die Beziehung im Zeitraffer.

Sie steht am Tresen. Ich sehe sie im Profil. Ich muss mich anstrengen, um ihre Schönheit nicht zu sehen. Es gelingt mir nicht. Dann eben Qual. In meinem Kleiderschrank hängen noch immer Dessous von ihr. Einst für sie gekauft, in Paris natürlich. Berauschend schön natürlich. Viel zu teuer natürlich. Ich weiß nicht, was ich damit machen soll. Zurückgeben? Jemand anderem schenken? Der Kleiderkammer spenden? Aber darf sich jemand anders in unsere alten Sehnsüchte hüllen?

Vielleicht sollte ich es besser nach Zagreb schicken. Dort gibt es das Museum of Broken Relationships, vielleicht das anrührendste Museum in ganz Europa. Ein Künstlerpaar hat es nach seiner Trennung gegründet. Was machen wir mit den Sachen, die uns beiden gehören, fragten sie sich. Komm, statt die CDs und Bücher pingelig aufzuteilen und mitzuschleppen als ständig offene Wunde, stellen wir sie einfach aus, als ein Memento unserer gemeinsamen Zeit. Das fand solche Resonanz, dass auch andere nach einem Beziehungscrash Gegenstände an das Museum schickten. Eine Audiokassette, einen Pullover, einen Boarding Pass, ein paar rosa Handschellen und, tatsächlich, eine Axt. Die noch immer wachsende Sammlung ist von herzzerreißender Schönheit.

Wo ist Europa? Dort ist Europa. Ich kenne keinen europäischeren Ort als dieses Museum in Kroatien. Wir sind der Kontinent der Verflossenen. Ich habe es nicht überprüft, aber ich vermute, dass wir die Statistik anführen. Das ist der Preis für die individuelle Freiheit, der wir uns seit der Renaissance erfreuen, und der romantischen Liebe, der wir seit der Romantik frönen. Aber dieses Museum ist auch ein Ort, an dem wir uns mit unserer Stümperhaftigkeit angenommen fühlen und wo wir Trost finden, weil wir uns in den Unvollkommenheiten und im Verlangen anderer wiedererkennen. Dieses Museum ist eine Kapelle, eine Wallfahrtsstätte für all die hitzigen, tropfenden Herzen, die wir sind.

Sie kommt auf mich zu mit der ihr eigenen arglos sinnlichen Art, sich zu bewegen. Sie hat ihr Portemonnaie unter den Arm geklemmt, während sie die zwei Gläser Bier vor sich her trägt. Der seltsame Portwein war nur eine Anwandlung, denke ich. Ich nehme ein Glas entgegen, sie setzt sich wieder dicht neben mich, wir stoßen an, wir lächeln, wir trinken einen ersten Schluck. Und im Hinterkopf höre ich Grillen und Satie und es rauschen die Turbinen der Erinnerung, während sich meine ganze Haut fragt, ob ich diesen Apfel-Möhren-Ingwer-Saft jemals noch mit jemand anderem werde trinken können.

Derek Walcott

Liebe nach Liebe

Die Zeit wird kommen,
wenn du mit Schwung
dich selbst an deiner eigenen Tür
begrüßen wirst, in deinem eigenen Spiegel,
und jeder wird beim Gruß des anderen lächeln

und sagen, setz dich hier hin. Iss.
Du wirst wieder den Fremden lieben, der du warst.
Gib Wein. Gib Brot. Gib dein Herz sich selbst
zurück, dem Fremden, der dich geliebt hat

dein ganzes Leben, den du wegen eines anderen
übersahst, der dich inwendig kennt.
Nimm die Liebesbriefe vom Bücherbord herunter,

die Photographien, die verzweifelten Zeilen,
pelle dein Bild vom Spiegel ab.
Setz dich. Schmause von deinem Leben.

Es ist nie zu spät

Sławomir Mrożek
Das neue Leben

Ich beschloss, ein neues Leben zu beginnen. Entschieden und unwiderruflich. Blieb nur die Frage: Ab wann?

Die Antwort ließ keine Zweifel offen: Ab morgen.

Als ich am nächsten Tag aufwachte, stellte ich fest, dass ja wieder heute ist, genauso wie gestern. Da ich mein neues Leben morgen beginnen wollte, konnte ich heute kein neues Leben anfangen.

»Noch ist nichts verloren«, dachte ich mir. »Morgen wird ebenfalls morgen sein.«

Und ich verlebte den Tag ruhig, wie immer auf die alte Weise. Nicht nur ohne Gewissensbisse, sondern voller guter Gedanken und gesteigerter Hoffnungen.

Aber was sollte ich machen, als am nächsten Tag wieder heute war, ähnlich wie gestern und vorgestern?

»Das ist nicht meine Schuld«, dachte ich, »dass irgendein Teufel immer das Morgen in heute verwandelt. Mein Beschluss ist einwandfrei, unwiderruflich. Versuchen wir es noch einmal, vielleicht wird der Teufel müde, und morgen wird endlich morgen sein.«

Leider war es nicht so. Immer nur heute und heute. Schließlich verlor ich die Hoffnung. »Dieses Morgen wird nie kommen«, dachte ich. »Angesichts dessen könnte man das neue Leben nicht von morgen an, sondern von heute an beginnen.«

Ich durchschaute aber sofort die Absurdität dieses Gedankens. Denn wenn sich dieses Heute unveränderlich schon seit ewigen Zeiten wiederholt, dann ist das schon sehr alt, und jedes Leben heute muss auch alt sein. Ein neues Leben ist ein neues Leben, möglich ist es nur von neuem, also von morgen an, wenn es ein wirklich neues Leben sein soll.

Und ich ging mit dem ganz starken Vorsatz schlafen, dass ich von morgen an ein neues Leben beginne. Denn trotz allem gibt es doch immer irgendein Morgen.

William Somerset Maugham

Ein glücklicher Mensch

Es ist sehr gefährlich, in das Leben anderer Leute einzugreifen, und ich habe mich immer über das Selbstvertrauen gewundert, mit dem Politiker, Reformer und sonstige Wohltäter ihre Mitmenschen zwingen, liebgewordene Gewohnheiten und Lebenshaltungen aufzugeben. Ich meinerseits erteile nur ungern Ratschläge. Wie soll ich jemandem raten, den ich nicht ebenso genau kenne wie mich selbst? Und um die Wahrheit zu sagen: ich kenne schon mich selbst nicht ganz genau. Meine Mitmenschen sind mir völlig fremd; das heißt, dass ich nur vermuten kann, was sie denken und fühlen. Jeder von uns ist ein Gefangener seines eigenen Ichs und kann sich von seiner Einzelzelle aus nur durch verabredete Zeichen und Symbole mit den anderen Gefangenen verständigen, denen es ebenso ergeht. Es ist klar, dass diese Zeichensprache zu Missverständnissen führen muss, und es ist erwiesen, dass einmal begangene Fehler sich im Rahmen unseres kurzen Erdenwallens nur sehr schwer gutmachen lassen.

Dennoch gibt es immer wieder Menschen, die sich an andere Menschen um Rat wenden, zum Beispiel an mich. Sie wollen von mir wissen, was sie mit ihrem Leben anfangen sollen, sie wünschen, dass ich ihnen aus einem

Dilemma heraushelfe, in das sie geraten sind, sie machen mich zum Wegweiser ihres Schicksals.

Einmal, das darf ich immerhin sagen, habe ich jemandem gut geraten. Ich war damals ein junger Mann und bewohnte in London ein bescheidenes Appartement nahe der Victoria Station. Eines späten Nachmittags, eben als ich beschloss, für heute genug gearbeitet zu haben, ging meine Türglocke. Draußen stand ein mir völlig Unbekannter, der mich nach meinem Namen fragte. Ich gab ihm die gewünschte Auskunft. Daraufhin fragte er, ob er eintreten dürfe. Ich bejahte, führte ihn ins Wohnzimmer und bat ihn, Platz zu nehmen. Da er sich offenbar ein wenig unbehaglich fühlte, bot ich ihm eine Zigarette an. Er hatte Schwierigkeiten, sie anzuzünden, ohne seinen Hut aus der Hand zu geben. Nachdem er seine Bemühungen erfolgreich abgeschlossen hatte, schlug ich ihm vor, den Hut auf einen Stuhl zu legen. Er kam meinem Vorschlag so eilfertig nach, dass er dabei seinen Schirm fallen ließ.

»Bitte seien Sie nicht ungehalten, dass ich Sie derart überfalle«, sagte er. »Mein Name ist Stephens. Ich bin Arzt. Wenn ich nicht irre, sind auch Sie Mediziner?«

»Ja. Aber ich praktiziere nicht.«

»Das weiß ich. Ich habe gerade Ihr Buch über Spanien gelesen. Darf ich Sie dazu etwas fragen?«

»Es ist kein sehr gutes Buch, fürchte ich.«

»Nun, jedenfalls wissen Sie etwas über Spanien, und

ich kenne sonst niemanden, den ich fragen könnte. Würden Sie mir ein paar Informationen geben?«

»Mit Vergnügen.«

Er sprach nicht sofort weiter, sondern griff nach seinem Hut, hielt ihn mit der einen Hand fest und streichelte ihn gedankenverloren mit der anderen. Möglicherweise beruhigte ihn das.

»Ich bitte Sie nochmals um Entschuldigung für mein ungehöriges Eindringen«, sagte er und ließ ein verlegenes Lachen hören. »Aber seien Sie unbesorgt. Ich werde Ihnen jetzt nicht meine Lebensgeschichte erzählen.«

Wenn jemand so etwas sagt, dann weiß ich, dass er nichts anderes im Sinn hat als ebendies: mir seine Lebensgeschichte zu erzählen. Aber das stört mich nicht weiter. Manchmal höre ich sogar ganz gerne zu.

»Meine Erziehung wurde von zwei alten Tanten besorgt«, begann er. »Ich bin niemals irgendwo hingereist. Ich habe niemals irgendetwas geleistet. Seit sechs Jahren bin ich verheiratet. Ich habe keine Kinder. Ich bin am Camberwell-Spital beschäftigt. Ich halte es nicht mehr aus.«

Seine kurze, abgehackte Sprechweise wirkte sonderbar eindringlich, ja eindrucksvoll. Bisher hatte ich ihn nur flüchtig angesehen. Jetzt fasste ich ihn genauer ins Auge. Er war von kleiner, untersetzter Statur, vielleicht dreißig Jahre alt. In seinem rötlichen runden Gesicht leuchteten dunkle lebhafte Augen. Sein schwarzes Haar war kurz geschoren, sein abgetragener blauer Anzug war an den Knien stark ausgebeult, und die offensichtlich vollgestopften Seitentaschen seines Rocks standen unordentlich ab.

»Sie wissen ungefähr, was ein Spitalsarzt zu tun hat«, fuhr er fort. »Es ist jeden Tag das Gleiche. Und dabei wird es mein Leben lang bleiben. Ich frage Sie: Ist das der Mühe wert?«

»Sie verdienen damit Ihren Lebensunterhalt.«

»Stimmt. Ich werde nicht schlecht bezahlt.«

»Würden Sie mir bitte erklären, weshalb Sie zu mir gekommen sind?«

»Ich wollte Sie fragen, ob Sie glauben, dass ein englischer Arzt in Spanien eine Chance hat?«

»Warum gerade Spanien?«

»Ich weiß nicht. Irgendwie zieht es mich dorthin.«

»Spanien ist ein wenig anders, als Sie es aus ›Carmen‹ kennen.«

»Aber in Spanien scheint die Sonne, in Spanien gibt es guten Wein und bunte Farben und eine Luft, die man atmen kann. Kurzum: Ich habe durch Zufall gehört, dass in Sevilla ein englischer Arzt unterkommen könnte. Soll ich versuchen, mir dort eine Praxis aufzubauen? Oder bin ich verrückt, dass ich meinen sicheren Posten am Camberwell-Spital gegen etwas so Ungewisses eintauschen will?«

»Wie denkt Ihre Frau darüber?«

»Meine Frau ist einverstanden.«

»Sie würden ein großes Risiko eingehen.«

»Das weiß ich.« Er machte eine kurze Pause. »Wenn Sie mir sagen, dass ich gehen soll, dann gehe ich. Wenn Sie mir sagen, dass ich bleiben soll, dann bleibe ich.«

Seine dunklen glänzenden Augen waren erwartungsvoll auf mich gerichtet. Ich wusste, dass er es ernst meinte.

»Ihre ganze Zukunft steht auf dem Spiel«, sagte ich. »Sie müssen selbst die Entscheidung treffen. Ich kann Ihnen nur eines sagen: Wenn Sie nicht am Geld hängen, wenn es Ihnen genügt, gerade so viel zu verdienen, als Sie unbedingt brauchen, dann gehen Sie. Dann werden Sie ein herrliches Leben führen.«

Er nickte, stand auf und verabschiedete sich wortlos. Während der folgenden Tage dachte ich noch ein paarmal an ihn, aber bald entschwand die kleine Episode aus meiner Erinnerung.

Fünfzehn Jahre oder noch mehr mochten vergangen sein, als ich mich einmal vorübergehend in Sevilla aufhielt und von einem leichten Unwohlsein befallen wurde. Ich erkundigte mich beim Hotelportier, ob es einen englischen Arzt in der Stadt gäbe. Er nannte mir die Adresse.

Als ich aus dem Taxi ausstieg, trat ein kleiner dicklicher Mann aus dem Haus hervor, der bei meinem Anblick stutzte und stehenblieb:

»Kommen Sie zu mir? Ich bin der englische Arzt.«

Ich erklärte ihm mein Anliegen und wurde von ihm ins Haus geführt. Es unterschied sich in nichts von anderen spanischen Häusern. Der Ordinationsraum, der auf den Innenhof hinausging, war mit Büchern, Zeitschriften, medizinischen Geräten und allerlei Krimskrams vollgestopft und hätte einem peniblen Patienten nicht eben Vertrauen eingeflößt.

Als die Konsultation vorbei war, fragte ich den Arzt, was ich schuldig sei. Er schüttelte lächelnd den Kopf:

»Nichts.«

»Ja aber – was heißt das?«

»Erinnern Sie sich nicht an mich? Ihnen habe ich doch zu verdanken, dass ich hier bin. Mein Name ist Stephens.«

Ich hatte nicht die leiseste Ahnung, wovon er sprach. Erst als er mir unsere lang zurückliegende Begegnung mit allen Details ins Gedächtnis zurückrief, besann ich mich auf ihn.

»Ich habe mich oft gefragt, ob ich Sie jemals wiedersehen würde«, sagte er. »Ob ich jemals Gelegenheit finden würde, Ihnen zu danken.«

»Dann sind Sie also mit meinem damaligen Ratschlag zufrieden?«

Ich sah ihn an. Er war in den Jahren seither um einiges beleibter geworden, sein kurzes Haar war einer Glatze gewichen, aber seine Augen zwinkerten immer noch lebhaft und fröhlich, und sein rötliches Gesicht machte den

Eindruck außerordentlicher Wohlgelauntheit. Sein Anzug, offenbar von einem spanischen Schneider gefertigt, ließ, ebenso wie sein breitkrempiger Sombrero, jede Spur von Eleganz vermissen, aber er wirkte trotz all dieser Nachlässigkeit durchaus sympathisch. Vielleicht hätte man gezögert, sich von ihm den Blinddarm herausoperieren zu lassen, aber man konnte sich keinen liebenswerteren Trinkkumpan vorstellen. Er sah aus wie einer, der auf den ersten Blick erkennt, was ein guter Wein ist.

»Waren Sie nicht verheiratet?«, fragte ich.

»Meiner Frau hat es in Spanien nicht gefallen. Sie ist nach Camberwell zurückgegangen.«

»Das tut mir leid.«

Er schmunzelte: »Das Leben entschädigt einen für so manches.«

Kaum hatte er zu Ende gesprochen, als eine nicht mehr ganz junge, üppige und keineswegs reizlose Spanierin in der Tür erschien. Sie redete ihn spanisch an, er antwortete fließend, freundlich und respektvoll. Kein Zweifel, dass sie die Herrin im Haus war.

Beim Abschied, schon vor dem Haus, kam er nochmals auf die Vergangenheit zu sprechen:

»Wissen Sie noch, was Sie mir damals prophezeit haben? Wenn ich hierherkomme, würde ich gerade so viel verdienen, als ich unbedingt brauche, und würde ein herrliches Leben führen. Sie hatten recht. Ich war immer arm und werde es immer bleiben. Aber seit ich hier bin, macht mir das Leben Spaß. Ich würde mit keinem König tauschen.«

Marie Luise Kaschnitz

Adam und Eva

Als Adam und Eva gezwungen wurden, das Paradies zu verlassen, ging es ihnen gewiss lange Zeit ziemlich schlecht. Wie man hört, waren die Tiere draußen unfreundlich, der Boden steinig und das Klima rau. Adam und Eva hatten nichts gelernt als faulenzen, und die Arbeit fiel ihnen schwer. Kaum dass sie, wie man zu sagen pflegt, auf einen grünen Zweig gekommen waren, geschah das Unglück mit den beiden ältesten Söhnen, die sie schlecht erzogen hatten, so dass der selbstgefällige Abel nun unter dem Rasen lag, während der gewalttätige Kain irgendwo herumirrte und die Eltern sehen konnten, wie sie zurechtkamen ohne den Gärtner Abel und den Jäger Kain. Aber dann wuchsen ihnen neue Kinder heran und immer wieder neue, wenigstens stelle ich mir das so vor, und auch, dass Adam und Eva ziemlich alt wurden, ehe sie zu altern begannen. Um diese Zeit hatten sie gewiss längst ein Haus, und Eva ging nicht mehr in Schürzchen aus Palmblättern umher. Obwohl beide an den Garten Eden nur noch eine schwache Erinnerung hatten, ahmten sie doch nach, was sie einmal dort gesehen hatten, indem sie einen Brunnen gruben, der dem Wasser des Lebens glich, einen Garten pflanzten und einige Tiere zähmten, die sich auf dem umfriedeten Grundstück friedlich wie die Tiere des Paradieses benahmen. Dies alles war ganz unvollkommen, aber es machte Freude, daran zu arbeiten und abends umherzugehen und darüber nachzudenken, was sich noch tun ließ. Es machte so viel Freude, dass sie mit der Zeit ganz zufrieden wurden und Adam sich manchmal selbst ein bisschen so fühlte, als sei er der liebe Gott.

Es war darum eine große Erschütterung für ihn, als er eines Tages erfuhr, dass er sterben müsste. Nicht, dass er darüber eine bestimmte Nachricht erhalten hätte. Er sah nur eines Abends ein Tier seiner Herde tot umfallen, und da er sich selbst mit diesem großen, starken Leittier oft verglichen hatte, kam ihm mit einem Mal der Gedanke, dass er in dieser Beziehung nicht mehr und nichts Besseres sei als ein Tier. Als er zu dieser Erkenntnis gekommen war, wurde er sich verschiedener Mängel bewusst, die er vorher nicht gekannt hatte, einer Schwäche der Augen, einer Unsicherheit der Hände, einer Trübung des Gehörs. Das ist der Tod, dachte er entsetzt, als an diesem Abend ein zerbrechlicher Gegenstand seiner Hand entglitt. Was hast du denn?, fragte Eva, weil er wie versteinert dastand, während sie die Scherben zusammenlas.

Diese Frage: Was hast du denn?, stellte Eva noch einige Male in der folgenden Zeit. Denn Adam begann sich in der Tat wunderlich zu benehmen. Es fing damit an, dass er nicht mehr schlief in der Nacht. Er wälzte sich bald auf die eine, bald auf die andere Seite oder lag auch still auf dem Rücken und starrte zur Decke hinauf. Er konnte nicht schlafen, weil er zu viel denken musste, aber die Gedanken, die ihn wach hielten, waren keineswegs erhabene, an den Tod oder an Gott, vielmehr drehten sie sich mit grässlicher Beharrlichkeit um kleine häusliche Missstände, einen Fehler in der Bewässerungsanlage, eine schadhafte Stelle im Dach. Wenn die Nacht vorüber war und alle im Hause sich wieder an ihre Arbeit begaben, überfiel ihn dann eine schreckliche Müdigkeit, und es kam vor, dass er sich gleich nach dem Frühstück wieder hinlegen musste und eine ganze Weile liegen blieb. Das war ihm selbst verwunderlich, aber noch viel erstaunlicher war die Empfindlichkeit, die er gegenüber den verschiedensten Geräuschen an den Tag zu legen begann. Das Bellen der Hunde machte ihn rasend, noch mehr das Kreischen der Papageien und das alberne Geschrei der Affen, die in den Bäumen hinter dem Hause spielten und von denen er sich bald einbildete, dass sie ihn verfolgten und nur zu seinem Ärger ihren törichten Lärm vollführten. Die Kinder, und zwar noch mehr die halberwachsenen als die kleinen, erregten seinen Unmut auf Schritt und Tritt. Es fiel ihm plötzlich auf, dass sie gewisse idiotische Redewendungen beständig wiederholten und dass sie, ohne die geringste Rücksicht auf ihn zu nehmen, mit schallender Stimme ihre aufreizend stupiden Lieder sangen.

Schließlich bin ich der Vater, dachte er, und ein Mann,

der einiges geleistet hat und dem es lange Zeit schlecht gegangen ist, ein Mann, der Anspruch darauf erheben kann, dass man ihn respektiert. Solche Gedanken waren neu, und neu war auch der Wunsch, der ihn jetzt von Zeit zu Zeit überkam, der Wunsch nämlich, sich zu entfernen aus einer Umgebung, in der man ihn so wenig achtete und seinen Worten so wenig Aufmerksamkeit zollte. Er ging ein paarmal fort in der Nacht, bald in dieser, bald in jener Richtung, und schließlich ertappte er sich darauf, dass er bei diesen Spaziergängen etwas ganz Bestimmtes suchte: nämlich die Mauer des Gartens Eden, auf die er im Anfang, also vor vielen Jahrzehnten, herumwandernd noch manchmal gestoßen war und auf der im roten Abendhimmel die Engelwachen gestanden hatten, sehr schön, mit ihren Wolkenflügeln aus schimmerndem Grau. Aber diese Mauer war nicht mehr da, und er hörte auch bald auf, sie zu suchen. Statt allein fortzugehen, machte er immer öfter die Runde durch sein Anwesen, betrachtete alles, was er gemacht hatte, und fand es schlecht genug. Er beobachtete auch seine Kinder und fand sie faul und leichtsinnig, unfähig, das Werk weiterzuführen, das er begonnen hatte und das zu vollenden ihm nicht Zeit genug blieb. Und dann versuchte er über dies alles mit Eva zu sprechen, aber Eva lachte nur, und er war von ihrer Gleichgültigkeit aufs tiefste gekränkt.

In der folgenden Zeit fand er immer mehr Ursache,

mit seiner Frau unzufrieden zu sein. Denn wenn Eva auch im Anfang seiner Verdüsterung recht lieb und freundlich gewesen war und sich bemüht hatte, ihm ein wenig Ruhe zu verschaffen, so schien sie doch von Tag zu Tag weniger um ihn besorgt zu sein. Ihre Laune war ausgezeichnet, ihr Appetit vorzüglich, und obwohl sie nicht jünger war als Adam selbst, schlief sie, ohne auch nur ein einziges Mal aufzuwachen, die ganze Nacht. Wenn er sich über den Lärm beschwerte, machte sie ein erstauntes Gesicht, wenn er über das Wetter klagte, sagte sie: Es wird schon wieder besser werden, und mit dieser Redewendung, die ihm leichtfertig und frech erschien, schob sie seine Leiden und Ängste, das Einzige, was er noch hatte, in das Reich lächerlicher Grillen, denen niemand Aufmerksamkeit schuldig ist. Es fehlte nicht viel, dass sie gesagt hätte: Ach sei doch still, wenigstens meinte Adam dies herauszuhören und auch einen kleinen Ärger über seine Mutlosigkeit, und dieses Unverständnis kränkte ihn tief. Natürlich konnte er trotzdem nicht schweigen, da ja das Sagenmüssen wie Rauch zum Feuer zu diesem inneren Brande gehört. Also sprach er weiter, sprach mit einer Stimme, die ihm selbst verhasst war, weil sie so nörglerisch und griesgrämig klang. Er beklagte sich über die Sonne und den Regen, über das Unkraut und die Schädlinge und die Kinder, und Eva sagte in der ersten Zeit noch ein paarmal: Das ist doch nicht so arg, und dann sagte sie gar nichts mehr, und er hatte den Verdacht, sie höre ihm überhaupt nicht mehr zu.

Das ist gewiss schlimm für einen Mann, der eingesehen hat, dass sein Leben nicht ewig währt, und der angesichts dieser Tatsache an dem Wert alles Geleisteten zu zweifeln beginnt. Es war schlimm für Adam, der jetzt umherging und alles, was er gemacht hatte, gering achtete und der aus seinen früheren Leiden einen glühenden Anspruch sog. Aber es erwies sich, dass dies noch längst nicht das Ärgste war. Denn das Ärgste ist nicht die Gleichgültigkeit, sondern der Verrat.

Man muss bedenken, dass Adam, der so vieles kannte, so etwas in seinem Leben nie erfahren hatte. Er war der einzige Mann, der für Eva in Frage kam, da es neben ihm nur Söhne und Enkel gab. Zwar war er früher, wenn Eva allein fortging und lange ausblieb, manchmal ein wenig unruhig geworden. Aber Eva war, wenn sie zurückkam, immer besonders strahlend und liebevoll gewesen, immer hatte sie etwas Besonderes mitgebracht, ja, es schien ihm jetzt, als habe er in seinem ganzen Leben nichts als Liebe und Freundlichkeit von ihr erfahren. Aber in dem Augenblick, in dem er sich seines Glückes bewusst wurde, war es mit diesem Glück auch schon vorbei. Denn wenn er bisher niemals in Evas Augen einen verräterischen Glanz gesehen hatte, wenn Eva sich niemals von ihm abgewendet hatte, um ihr Ohr einer anderen Stimme zu leihen: jetzt erfuhr er dies alles, alle Qualen der

Eifersucht, nur dass kein Liebhaber, sondern ein Phantom sein Nebenbuhler war, kein Mann, mit dem er hätte kämpfen können, sondern das Traumbild der Jugend und des Lebens schlechthin.

Denn er sah es wohl, der Jugend und dem Leben neigte sich Eva zu. Mit einem Mal gewahrte er sie auf der Seite der Kinder, ach, nicht mit Worten, aber mit mancher geheimen Zärtlichkeit, manchem vertraulich wiedergutmachenden Blick. Als Adam den ersten dieser Blicke auffing, zuckte er zusammen wie unter einem Schlag. Von da an wurde er misstrauisch, horchte und schlich im Hause umher. Einmal, als er sich Eva gegenüber über die stechende Sonne beklagte, bemerkte er, wie sie ihr Gesicht und ihre Arme dieser Sonne entgegenhob, als sei gerade das, was ihn quälte, ihr eine Quelle der Lust. Durch solche Beobachtungen wuchs das Gefühl der Verlassenheit in ihm immer mehr. Er erinnerte sich der Zeiten, in denen Eva und er noch allein gewesen waren, und wie sie da, furchtbar allein und aufeinander angewiesen, sich geschworen hatten, einander niemals zu verlassen. Jetzt war Eva noch immer an seiner Seite, sie war nicht fortgegangen, aber es kam ihm vor, als entferne sie sich dennoch, ein wenig weiter mit jedem Tag. In seinem schrecklichen Misstrauen zeichnete Adam jede Station dieser Entfernung getreulich auf. Er glaubte zu bemerken, wie bei seinen Worten eine leise Ungeduld über Evas Züge glitt. Wenn er ein längeres Ausbleiben ankündigte, meinte er, auf ihren Lippen ein Lächeln der Erleichterung zu sehen, und wenn er dann fortging, bildete er sich ein, dass ihre Stimme, die er aus der Ferne noch hörte, froher und heiterer klang. Einmal, als sie bei der Abendmahlzeit saßen, fasste er sie ins Auge und stellte fest, dass ihre Haut schlaff wurde und ihre Haare sich zu verfärben begannen. Er bemerkte auch, dass sie Schmerzen in den Gliedern hatte und sich nicht mehr so frei und anmutig bewegte wie vorher. Sie ist nicht jünger als ich, dachte er, aber sie tut, als habe sie unbegrenzte Zeit vor sich, ewige Zeit. Und dann dachte er plötzlich, sie weiß nichts, sie weiß es nicht, und er war über ihre Dummheit empört.

Nach dem Essen ging Eva noch auf den Hof hinaus, um das Spielzeug der kleinen Kinder zusammenzusuchen. Adam ging ihr nach und blieb bei ihr stehen und sah sie flehend an. Werde mit mir alt, wollte er sagen, werde mit mir alt. Aber natürlich brachte er diese Worte nicht über die Lippen, sondern begann sich stattdessen über die Mücken zu beklagen in einem wilden und verzweifelten Ton. Was du nur immer hast, sagte Eva und sah ihn kopfschüttelnd an.

In dieser Nacht beschloss Adam, Eva zu sagen, dass sie sterben müsse. Vielleicht hätte er es nicht getan, wenn nicht der Mondschein so hell im Zimmer und gerade auf Evas Gesicht gelegen hätte und wenn dieses Gesicht nicht so voll von Lebensentzücken gelächelt hätte im Schlaf.

Aber dieser Anblick rief in Adam, der schon viele Stunden schlaflos gewesen war, eine dunkle Rachsucht hervor. Er weckte Eva auf, und Eva rieb sich die Augen und fragte, ob etwas mit den Kindern sei. Wir müssen sterben, sagte Adam, und es war ihm zumute, als beginge er einen Mord. Große Neuigkeit, sagte Eva spöttisch. Das weiß ich schon lang. Hast du dir keine Gedanken gemacht?, fragte Adam, sobald er sich von seiner Überraschung erholt hatte. Was wir hier zurücklassen, ist unfertig und keinen Pfifferling wert.

Jemand wird es schon fertig machen, sagte Eva.

Die Kinder, sagte Adam streng, sind träge und leichtsinnig. Sie wissen nicht, was arbeiten heißt, und werden elend zugrunde gehen.

Es wird schon noch etwas aus ihnen werden, sagte Eva. Und was wird aus uns?, fragte Adam und stützte seinen Kopf auf die Hand.

Wir bleiben zusammen, sagte Eva. Wir gehen zurück in den Garten. Und sie legte ihre Arme um Adams Hals und sah ihn liebevoll an.

Ist er denn noch da?, fragte Adam erstaunt.

Gewiss, sagte Eva.

Wie willst du das wissen?, fragte Adam mürrisch.

Woher meinst du, fragte Eva, dass ich die Reben hatte, die ich dir gebracht habe, und woher meinst du, dass ich die Zwiebel der Feuerlilie hatte, und woher meinst du, hatte ich den schönen, funkelnden Stein?

Woher hattest du das alles?, fragte Adam.

Die Engel, sagte Eva, haben es mir über die Mauer geworfen. Wenn wir kommen, rufe ich die Engel, und dann öffnen sie mir das Tor.

Adam schüttelte langsam den Kopf, weil eine ferne und dunkle Erinnerung ihn überkam. Gerade dir, sagte er. Aber dann fing er an zu lachen, laut und herzlich, zum ersten Mal seit ach wie langer Zeit.

Lily Brett

Altern

Geoffrey, der mir seit mehr als dreißig Jahren die Haare schneidet, hat mir erzählt, ich sei seine einzige Kundin im Alter von über vierzig, die noch nie etwas an ihrem Gesicht habe machen lassen.

Mit »machen« meinte Geoffrey Schönheitsoperationen. Ich war sehr zufrieden mit mir und hielt es für eine gute Sache, dass ich nichts an meinem Gesicht hatte machen lassen, bis Geoffrey hinzufügte: »Na ja, ein bisschen Liften hier und ein bisschen Straffen da könnte nicht schaden«, wobei er irgendwie in die Gegend meines Munds deutete.

Ich wollte nicht länger zuhören. Ich wollte nicht wissen, was ich alles tun könnte. Ich hätte wirklich nichts dagegen, mich besser in Geografie auszukennen und in der Lage zu sein, harmonisch zu singen oder drei Sprachen zu sprechen. Aber plastische Chirurgie? Nein, danke.

Kosmetische Behandlungen und Operationen sind angesagt. Alle wollen jünger aussehen. Selbst Dreißigjährige. In New York wurden unzählige Schönheitssalons eröffnet. Dort kann man sich in der Mittagspause Botox injizieren lassen.

Ich wusste nicht, was Botox sein soll. Eine Freundin

hat mir erklärt, dass es sich um eine Substanz handelt, die in die Haut gespritzt wird, um Falten zu glätten. Das klang für meine Begriffe nicht einladend.

Wie man jünger aussehen kann, ist seit Jahrzehnten, wenn nicht seit Jahrhunderten *das* Thema in sämtlichen Frauenmagazinen. Diese Thematik scheint sich ausschließlich an Frauen zu richten. Aber inzwischen ist die Angst, nicht mehr gut auszusehen und zu altern, ein Thema, das Männer wie Frauen beschäftigt.

Männer lassen ihr Kinn und ihren Kiefer ummodeln. Bald werden viele von uns nicht mehr aussehen wie sie selbst oder auch nur wie ein naher Verwandter desjenigen, der sie bislang waren.

Ich habe nie einen Gedanken daran verschwendet, mein Aussehen zu verlieren. Es gibt so vieles anderes, was man verlieren kann. Die Liste der möglichen Verluste ist erschreckend. Und ich spreche nicht von Schlüsseln oder iPhones.

Außerdem bin ich ein Feigling. Die Vorstellung von Hautglättungen, Botox oder anderen Faltenstraffern finde ich gruselig, und obendrein bin ich abergläubischer, als ich gerne zugeben würde. Ich glaube, selbst wenn ich mit dem Gedanken einer Schönheitsoperation spielen würde, könnte es mir passieren, zu stürzen und mir die Hüfte zu brechen oder die Rippen und meine Lunge zu verletzen, was eine Operation ganz anderer Art erfordern würde.

Vielleicht fällt es mir leichter, mir keine Gedanken über mein Aussehen zu machen, weil ich noch nie das »richtige« Aussehen hatte. Als Teenager war ich ziemlich mollig, und in den Jahren darauf wurde ich richtig dick. In der Highschool war ich für die meisten, wenn nicht für alle Jungen alles andere als attraktiv.

Mit fünfzehn beschloss ich, interessant zu sein, wenn ich schon nicht attraktiv sein konnte. Sehr interessant. Ich sah mehrere Filme von Ingmar Bergman und beschäftigte mich mit dem Existenzialismus.

Ich bin mir nicht sicher, dass mir klar war, worum es sich beim Existenzialismus handelt, aber es gelang mir in jenem Jahr an der Highschool das Wort Existenzialismus in fast jedem Gespräch unterzubringen. Allerdings ohne Erfolg. Es war, als hätte ich plötzlich russisch zu sprechen begonnen.

Einem Jungen, den ich bei einer Tanzveranstaltung kennenlernte, erzählte ich von Ingmar Bergman. Und dann kam ich auf den Existenzialismus zu sprechen. Sobald unser Tanz endete, entfloh er. Das Gleiche passierte mir mit zwei anderen Jungen. Ich gab auf. Der Existenzialismus war eindeutig keine Flirthilfe.

Ich entschied mich für eine andere Strategie. Ich würde den Existenzialismus in die Tonne treten und einen leuchtend pinkfarbenen Lippenstift kaufen, der zu meinem neuen leuchtend pinkfarbenen Rock passte.

Isabel Allende
Jubilación

Auch der Ruhestand gehört zu den Dingen, von denen mehr und mehr Frauen betroffen sind, weil inzwischen die meisten von uns außer Haus arbeiten. Die anderen, die Hausfrauen, gehen nie in Rente und gönnen sich auch keine Ruhe. Auf Spanisch heißt das Ausscheiden aus dem Arbeitsleben »jubilación«, darin steckt der Jubel. Damit soll wohl ausgedrückt werden, dass es eine tolle Zeit ist, weil man tun kann, wozu man Lust hat. Schön wär's. Wenn diese Zeit beginnt, sind viele weder körperlich noch finanziell in der Lage, zu tun, wozu sie Lust haben. Und Nichtstun macht erwiesenermaßen nur selten glücklich.

Für Männer kann die Rente der Anfang vom Ende sein, weil sie ihren Selbstwert und ihre Verwirklichung aus der Arbeit ziehen, sie in die Arbeit alles investieren, was sie sind, so dass danach wenig übrig bleibt und sie geistig und emotional abbauen. Dann beginnt die Zeit der Angst vor dem Ungenügen, vor dem Verlust der wirtschaftlichen Grundlagen, vor dem Vereinsamen, die Liste ließe sich lange fortsetzen. Wenn sie nicht eine Partnerin oder einen Partner haben, die sich kümmern, und keinen Hund, der sie wedelnd begrüßt, sind sie erledigt. Wir Frauen haben es da besser, weil wir nicht nur arbeiten, sondern auch familiäre und freundschaftliche Beziehungen pflegen, geselliger sind als die Männer und vielfältiger interessiert. Aber auch wir werden durch die mit den Jahren einhergehende Gebrechlichkeit ängstlicher. Ich verallgemeinere stark, aber Sie verstehen, was ich meine.

Laut Gerald G. Jampolsky, einem berühmten Psychiater und Autor von mehr als zwanzig Bestsellern über Psychologie und Philosophie, wird unsere Fähigkeit, glücklich zu sein, zu fünfundvierzig Prozent von den Genen und zu fünfzehn Prozent von den Umständen beeinflusst, was bedeutet, dass die verbleibenden vierzig Prozent von uns selbst, durch unsere Überzeugungen und unsere Lebenseinstellung, bestimmt werden. Mit seinen fünfundneunzig Jahren behandelt Jampolsky noch Patienten und schreibt Bücher, geht fünfmal in der Woche ins Studio, dankt jeden Morgen nach dem Aufwachen für den neuen Tag und nimmt sich vor, ihn glücklich zu erleben, einerlei, wie es ihm körperlich geht. Das Alter muss einen nicht davon abhalten, weiterhin entschlossen und kreativ zu sein und Anteil an der Welt zu nehmen.

Da wir heute länger leben, bleiben mir noch ein paar Jahrzehnte, um neue Vorhaben zu fassen und dem restlichen Dasein einen Sinn zu geben, wie Olga Murray das getan hat. Jampolsky setzt auf die Liebe als bestes aller Heilmittel: Er schenkt Liebe mit vollen Händen. Kränkungen sollten vergessen, alles Negative abgeschüttelt werden. Groll und Zorn sind kräftezehrender als das Verzeihen. Und der Schlüssel zum Glück liegt eben darin, den anderen und sich selbst zu verzeihen. Die letzten Jahre können die besten sein, wenn wir uns statt für die Angst für die Liebe entscheiden, sagt er. Und die Liebe sprießt nicht wie Unkraut, sie braucht Pflege, um zu gedeihen.

Elisabeth Borchers

Zuversicht

Erst kürzlich hörten wir
das Erwachen eines Zweigs,
den Flug der nesterbauenden Vögel,
das Geräusch der sich am Morgen
öffnenden Wege des Parks.

Sehen wir nicht himmelwärts
ein sich verschärfendes Blau,
die Blinkzeichen Gestern und Morgen.

Hören wir nicht den Pfiff der Empörung,
einen Hauch von Liebe,
ein uraltes Wort.

Mechthild Grossmann & Dorothea Wagner

Es ist nie zu spät

Über neue Erfahrungen im Alter

Der Burger liegt vor mir auf einer Platte. Aber wie bitte soll ich ihn essen? Der Mann am Nachbartisch hält ihn einfach in den Händen und beißt hinein. Die Zwiebel aus seinem Burger rutscht dabei auf den Teller. Nein, so will ich in der Öffentlichkeit nicht gesehen werden. Ich schiele rüber zu meiner Enkelin. Sie löst die Aufgabe deutlich eleganter und schneidet sich mit dem Besteck Stückchen aus dem Burger wie ein erfahrener Chirurg. Das kriege ich hin. Messer ansetzen, Gabel in den Mund.

Wie unglaublich köstlich. Wie kann es sein, dass ich so lange gelebt habe, ohne einen Burger zu essen? Was für eine Verschwendung von Lebenszeit.

Aber es hat etwas Gutes, dass ich erst im hohen Alter meine Burger-Premiere feiere. Denn durch München zu schlendern und mit meiner Enkelin zu beschließen, dass es Zeit geworden ist, endlich meinen ersten Burger zu probieren, zeigt, wie viel es für mich noch zu entdecken gibt.

Eine große Gefahr in meinem Alter ist das Jammern. Viele meiner Altersgenossen tun es ununterbrochen. Entweder es geht um ihre Gesundheit oder darum, dass die beste Zeit ihres Lebens vorbei sei. Ich nenne diese Form des Jammerns das »Nie wieder«-Mantra. Weil die Sätze, die meine Bekannten sagen, immer gleich anfangen. Nie wieder werde ich dies tun können, nie wieder jenes.

Ich verstehe sie ja. Älter zu werden bedeutet vor allem, dass sich immer mehr Türen im Leben schließen. Dass man realisiert, dass die Alpenüberquerung, die man gerne mal gemacht hätte, wirklich vom Tisch ist. Keine Chance mehr.

Aber das hilft dem Lebensglück nicht unbedingt. Sich darauf zu konzentrieren, wie schön alles hätte sein können und was alles nicht mehr geht, zerstört die guten Momente des Tages. Und das fängt nicht erst im hohen Alter an: Auch ein Dreißigjähriger macht sich unglücklich, wenn er sich nur vorhält, dass er mit seinem festen Familienleben keine Zeit mehr hat, jeden zweiten Abend mit Freunden am Fluss zu sitzen und Weißwein zu trinken.

Manchmal spüre ich, dass ich kurz davor bin, einen »Nie wieder«-Satz zu sagen. Aber ich habe mir schon vor Jahren eine Regel überlegt: Wann immer ich unzufrieden bin, was ich alles nicht mehr wiederholen kann, überlege ich, was ich alles noch nie gemacht habe und was ich somit alles entdecken kann. Die Liste ist lang.

Bis ich mit meiner Enkelin nach Rom fuhr, hatte ich nie das Kolosseum gesehen. Bis ich mir ein iPad gekauft habe, hatte ich nicht gewusst, dass ich mit meinem Enkel, der in Kolumbien lebt, über Skype sprechen und ihn dabei sehen kann. Und bis ich mich getraut habe, meinen ersten Burger zu essen, hatte ich nicht gewusst, wie großartig ein belegtes Brötchen schmecken kann.

All diese Eindrücke sind mehr wert, als es vielleicht im ersten Moment klingt. Denn sie zeigen, wie viel Abenteuer im Leben eigentlich steckt. Jeden Morgen kann ich aufstehen und etwas Neues lernen.

Ich gehe am Morgen gern schwimmen. Richtig gut bin ich trotzdem nicht, ich bin Brustschwimmerin, ausdauernd, aber schlecht. Auf der Bahn neben mir war oft derselbe Mann, ein junger Student, der gut kraulen kann. Ich war neidisch, mir hat das nie jemand beigebracht. Irgendwann nahm ich meinen Mut zusammen und fragte den Studenten, ob er bereit wäre, mich zu unterrichten. Jetzt treffen wir uns alle paar Wochen, ich versuche das mit der Atmung hinzukriegen, schlucke jede Menge Wasser, pruste, aber das ist alles egal. Ich lebe.

Leichter beginnen

Bertolt Brecht

Die Liebste gab mir einen Zweig

Die Liebste gab mir einen Zweig
Mit gelbem Laub daran.
Das Jahr, es geht zu Ende
Die Liebe fängt erst an.

Octavio Paz
1. Januar

Die Türen des Jahres öffnen sich,
wie die der Sprache,
dem Unbekannten entgegen.
Gestern Abend sagtest du mir:
Morgen
gilt es, ein paar Zeichen zu setzen,
eine Landschaft zu skizzieren, einen Plan zu entwerfen
auf der Doppelseite
des Papiers und des Tages.
Morgen gilt es,
aufs Neue,
die Wirklichkeit dieser Welt zu erfinden.

Spät erst öffnete ich die Augen.
Im Bruchteil einer Sekunde
empfand ich dasselbe wie der Azteke,
der lauernd auf der Felsklippe des Vorgebirges
aus den Spalten des Horizonts
die ungewisse Rückkehr der Zeit erwartet.

Nein, das Jahr war zurückgekehrt.
Es füllte das ganze Zimmer,
betastbar für meine Blicke.

Die Zeit hatte, ohne unsere Hilfe,
in der gleichen Ordnung,
wie sie auch gestern galt,
Häuser in die leere Straße gestellt,
Schnee gelegt auf die Häuser
und Schweigen auf den Schnee.

Du warst an meiner Seite,
noch schlafend.
Der Tag hatte dich erfunden,
doch du nahmst sie noch nicht an,
deine Erfindung an diesem Tag.
Vielleicht auch nicht die meine.
Du warst in einem anderen Tag.

Du warst an meiner Seite,
und ich sah dich, wie den Schnee,
schlafend zwischen den Erscheinungsbildern.
Die Zeit erfindet, ohne unsere Hilfe,
Häuser, Straßen, Bäume,
schlafende Frauen.

Wenn du die Augen öffnest,
werden wir uns erneut bewegen
zwischen den Stunden und ihren Erfindungen,
und verweilend bei den Erscheinungsbildern,
bezeugen wir die Zeit und ihre Verbindungen.

Dann öffnen wir die Türen dieses Tages,
dann gehen wir hinein ins Unbekannte.

Peter Bichsel

Als ich dem Blocher meiner Mutter entwuchs

Eine Einladung von ehemaligen Schülern zu einer Klassenzusammenkunft. Ich freue mich darauf. Ich hatte eine gute Zeit damals mit meinen Schülern in Lommiswil. Sie waren ältere Kinder, ich ein sehr junger Erwachsener – sie waren 13, ich war 20. Damals war das ein Altersunterschied. Inzwischen sind wir im selben Alter, im Rentenalter.

Ich erinnere mich noch an drei, vier Namen, ich erinnere mich noch an Gesichter und Geschichten und suche krampfhaft die Namen dazu – doch, noch ein Name, Bethli Portmann, sie hatte mir Leim auf meinen Stuhl gestrichen, und ich habe mich darüber gefreut, weil die Mädchen mir gegenüber sehr zurückhaltend waren und schüchtern und sich nur sehr passiv am Unterricht beteiligten. Mit dem Leim begann die Kontaktaufnahme. Und das Wort Unterricht will nicht eigentlich zu meiner Erinnerung passen. Wir gingen einfach miteinander zur Schule, und ich ging sehr gern. Vielleicht war es ganz anders, aber ich erinnere mich so.

Wie wir uns nun treffen, im Restaurant »Lamm« – ich 74, sie 68 –, kenne ich sie gleich alle, und die Namen fallen mir ein, sie sind noch gleich, und das Einzige, was sich geändert hat, ist, dass wir jetzt im selben Alter sind. Ich wusste von den meisten nicht, was sie geworden sind – und jetzt sind sie es bereits nicht mehr. Bethli ist nicht gekommen, sie ist vor zwei Jahren gestorben, das tut mir leid, aber davon habe ich so wenig erfahren wie von ihrem ganzen Leben nach der Schulzeit. Und weil ich die »Schüler« jetzt, nach mehr als 50 Jahren, hier wiedertreffe – und dazwischen sozusagen nichts war –, wird die längst vergangene Zeit zu einem Gestern, die Zeit dazwischen ist keine mehr. Ich treffe Kolleginnen und Kollegen, mit denen ich zusammen zur Schule gegangen bin.

Wir sagen uns inzwischen Du. Aber ob für sie diese Erinnerung dieselbe ist? Wohl kaum! Und begegne ich eigentlich wirklich ihnen oder begegne ich vielmehr mir selbst, mir, dem sehr jungen Lehrer von damals, und versuche mich freundlich an ihn zu erinnern? Begegnet man wirklich sich selbst, wenn man seiner eigenen Jugend begegnet, seiner eigenen Kindheit? Hat man vielleicht nicht irgendwann doch sich selbst verlassen?

Oskar Matzerath, der Erzähler in der »Blechtrommel« von Günter Grass, fällt mir ein. Er wollte als Dreijähriger nicht mehr wachsen, und er beschrieb als kluges Kerlchen aus seiner Position die Welt der Großen – der Gewachsenen.

Ja, daran erinnere ich mich ein bisschen, an das Kleinsein – zum Beispiel jedes Mal, wenn ich irgendwo meine

Jacke an einen Haken hängte. Als ich den Haken noch nicht erreichte, hatte ich eine spezielle Technik. Ich rollte die Jacke zu einer steifen Wurst und zirkelte den Aufhänger über den Haken, nicht ohne vorher geprüft zu haben, ob ich den Haken bereits wie die Großen erreichen könnte. Jahrelang habe ich täglich darauf gewartet. Und als es endlich erreicht war, war es nichts Besonderes mehr. Die Technik zuvor war etwas Besonderes – jetzt war sie verloren und nutzlos, verloren für immer – die Grenze war überschritten, es gab kein Zurück mehr.

Und an einen schmerzlichen Verlust durch Wachstum erinnere ich mich immer wieder, an den schweren Blocher meiner Mutter, mit dem sie das Parkett in der Stube glänzte. Ich durfte mich darauf setzen, die Beine anziehen und mich am Stiel festhalten, und dann schob sie mich quer durch die Stube hin und her. Der Blocher meiner Mutter, mein wunderbares Karussell mit dem leichten Hauch des fast Verbotenen, des Schabernacks. Wir freuten uns beide darüber und hatten es lustig. Aber von Woche zu Woche wurde das Anziehen der Beine anstrengender, und ich erreichte den Blocher nur noch mit den Fersen. Und eines Tages war es aus, endgültig aus. Ich erinnere mich noch genau daran, wie wir beide versuchten, die Füße doch noch auf den Blocher zu bringen – aus, fertig, nichts zu machen, ich war zu groß geworden. Darüber war ich sehr traurig und meine Mutter wohl auch ein bisschen – eine weitere Entnabelung sozusagen. Wir gehörten schon wieder ein bisschen weniger zusammen. Eigenartig, je mehr ich mich ihrer Größe näherte, desto weniger gehörten wir zusammen.

Dabei war es mir durchaus recht, größer zu werden. Wachstum war wünschenswert. Aber ein Zurück zum Anfang gibt es nicht.

Und das Neujahr, der erste Januar, ist auch kein Anfang. Auch wenn wir das immer wieder so haben möchten. So kann ich Ihnen nur wünschen, dass Sie das neue Jahr nicht allzu schnell wachsen und ein altes werden lassen.

Eduardo Galeano

Heute

Heute, 1. Januar, ist nicht der erste Tag des Jahres für die Mayas, die Juden, die Araber, die Chinesen und viele andere Bewohner dieser Welt.

Das Datum wurde von Rom erfunden, dem Römischen Kaiserreich, und vom römischen Vatikan abgesegnet, und es wäre eher eine Übertreibung zu sagen, die ganze Menschheit feiere dieses Überschreiten der Jahresgrenze.

Doch eines muss man wohl zugeben: Die Zeit ist ziemlich freundlich zu uns, ihren flüchtigen Passagieren, und gestattet uns zu glauben, heute könne der erste der Tage sein, und uns zu wünschen, er sei so fröhlich wie die Farben eines Obst-und-Gemüse-Ladens.

Marco Lodoli
Leichter beginnen

Man sollte das Jahr viel leichter beginnen, sich wie vertrauensvolle kleine Vögel fühlen, die vom Wind ins Freie getragen werden und dabei unnötigen Ballast aus Körper und Geist zurücklassen. Leider aber machen die Feste dick; Silvesteressen und Süßigkeiten und Weine jeder Art haben sich an unseren Hüften angesetzt, und auch die Gedanken, die doch eigentlich Flügel und sangesfreudige Schnäbel anlegen sollten, bewegen sich schlaff und schwankend wie der Weihnachtskapaun. Ich schlage deshalb für diesen Januarsonntag vor, dass wir die 122 Stufen zur Kirche Santa Maria in Aracoeli hinaufklettern, bis auf die Spitze des Hügels. Der Aufstieg nimmt uns den Atem und entlockt uns den einen oder andren Fluch, er demütigt uns, die wir schwer und ballastbeladen sind: Aber jetzt haben wir es geschafft, endlich geschafft! Vornübergebeugt holen wir wieder Atem und betreten die Kirche. Rechts befindet sich eine Kapelle, von Pinturicchio mit herrlichen Fresken ausgestattet, links die Krippe mit der Kopie des berühmten juwelenbedeckten Jesuskindes, das vor einigen Jahren gestohlen wurde: Werfen wir ruhig einen Blick darauf, würdigen wir es von Herzen, aber dann ziehen wir weiter in die Ecke links vom Hochaltar. Hier, in Schatten gehüllt, erwartet uns das gleichzeitig grandioseste und lächerlichste Monument der Fettleibigkeit, das je geschaffen wurde, eine Statue, die um einige Jahrhunderte die komischen Dickwänste Boteros vorwegnimmt. Es ist das eine Skulptur von 1522, Werk eines gewissen Domenico Aimo, und stellt Papst Leo X. dar. War es Bosheit oder Unvermögen, die den Meißel des Künstlers geführt haben? Wie ist es möglich, dass in der Zeit, in der uneingeschränkt die Idee des ideal Schönen und der Harmonie regierten, im Rom Raffaels und Bramantes, sich der Papst als unverbesserlicher Fettwanst verewigen ließ, als ein an der Waage Verzweifelter, ein Fass aus Fett und Marmor? Leo X. war nicht nur ein echter Meister der Intrige, ein Nepotist und Ablasshändler, sondern auch ein echter Beschützer der Schönheit, er kannte und unterstützte die Besten unter den Malern und Dichtern: Weshalb also war er damit einverstanden, als unersättlicher Dickhäuter dargestellt zu werden? Antwort darauf gibt es keine, doch macht diese hässliche Statue lächeln und erinnert uns daran, trotz unsrer Selbstkasteiungsvorsätze zu Jahresanfang, wie angenehm es doch bisweilen ist, sich der unerträglichen Leichtigkeit des Seins zu entziehen, dadurch, dass man in die Trattoria flüchtet und ohne Reue im Zentrum des Lebens lastet.

Philip Larkin
Bäume

Die Bäume setzen wieder Knospen an,
wie etwas fast Gesagtes;
die jungen Triebe dehnen sich und sprießen,
ihr Grün ist eine Art von Traurigkeit.

Liegt's daran, dass sie immer wiederkehren
und wir älter werden? Nein, sie sterben auch.
Ihr Kunststück, jedes Jahr ganz neu zu sein,
kerbt sich in Ringen in die Rinde ein.

Und doch, die ruhelosen Burgen schlagen
mit voller Dichte aus in jedem Mai,
das letzte Jahr ist tot, so scheinen sie zu sagen,
fang wieder neu an, neu.

Quellenverzeichnis

Isabel Allende (geb. 1942 in Lima, Peru), chilenisch-US-amerikanische Schriftstellerin
Jubilación*. Aus: Isabel Allende, Was wir Frauen wollen. Aus dem Spanischen von Svenja Becker. © der deutschen Ausgabe Suhrkamp Verlag Berlin 2021

Paul Auster (geb. 1947 in Newark, New Jersey), US-amerikanischer Schriftsteller
Fünf. Aus: Paul Auster, Das rote Notizbuch. Wahre Geschichten. Aus dem Englischen von Werner Schmitz. © 2018 by Rowohlt GmbH, Reinbek bei Hamburg

Peter Bichsel (geb. 1935 in Luzern), Schweizer Schriftsteller
Als ich dem Blocher meiner Mutter entwuchs. Aus: Peter Bichsel, Im Hafen von Bern im Frühling. © 2019 by RADIUS-Verlag GmbH Stuttgart

Elisabeth Borchers (1926 in Homberg, Niederrhein – 2013 in Frankfurt am Main)
Für Maximilian am ersten Schultag. Aus: Elisabeth Borchers, Was ist die Antwort. Gedichte. © Suhrkamp Verlag Frankfurt am Main 1998; Neuer Tag; Zuversicht. Aus: Elisabeth Borchers, Alles redet, schweigt und ruft. Gesammelte Gedichte. © Suhrkamp Verlag Frankfurt am Main 2001

Bertolt Brecht (1898 in Augsburg – 1956 in Ost-Berlin)
Die Liebste gab mir einen Zweig; O Lust des Beginnens! Aus: Bertolt Brecht, Die Gedichte. Herausgegeben von Jan Knopf. © Bertolt-Brecht-Erben und Suhrkamp Verlag Frankfurt am Main 2007

Lily Brett (geb. 1946 in Feldafing), australisch-amerikanische Schriftstellerin
Altern. Aus: Lily Brett, Alt sind nur die anderen. Aus dem amerikanischen Englisch von Melanie Walz. © der deutschen Ausgabe Suhrkamp Verlag Berlin 2020

Annie Ernaux (geb. 1940 in Lillebonne, Seine-Maritime), französische Schriftstellerin
Was wir mit unserem Leben anfangen*. Aus: Annie Ernaux, Erinnerung eines Mädchens. Aus dem Französischen von Sonja Finck. © der deutschen Ausgabe Suhrkamp Verlag Berlin 2018

Elena Ferrante
Das erste Mal. Aus: Elena Ferrante, Zufällige Erfindungen. Aus dem Italienischen von Karin Krieger. © der deutschen Ausgabe Suhrkamp Verlag Berlin 2021; Lila und Lenù*. Aus: Elena Ferrante, Meine geniale Freundin. Kindheit, frühe Jugend. Roman. Aus dem Italienischen von Karin Krieger. © der deutschen Ausgabe Suhrkamp Verlag Berlin 2016

F. Scott Fitzgerald (1896 in St. Paul, Minnesota – 1940 in Hollywood, Los Angeles), US-amerikanischer Schriftsteller
Liebe in der Nacht. Aus dem Amerikanischen von Melanie Walz. Copyright der deutschsprachigen Übersetzung © 2009 Diogenes Verlag AG Zürich. Aus: F. Scott Fitzgerald, Die letzte Schöne des Südens. 2009, 2012 Diogenes Verlag AG Zürich

Eduardo Galeano (1940 in Montevideo, Uruguay – 2015 ebenda), uruguayischer Journalist, Essayist und Schriftsteller
Geschichtenerzähler; Heute; Tag der Alphabetisierung. Aus: Eduardo Galeano, Kinder der Tage. Aus dem Spanischen von Lutz Kliche. © Peter Hammer Verlag GmbH, Wuppertal 2012

Mechthild Grossmann (geb. 1939) & Dorothea Wagner (geb. 1990)
Es ist nie zu spät. Über neue Erfahrungen im Alter. Aus: Mechthild Grossmann & Dorothea Wagner, Besser spät als nie. Eine Liebeserklärung an das Alter. © Insel Verlag Berlin 2019

Hermann Hesse (1877 in Calw – 1962 in Montagnola, Schweiz), deutsch-schweizerischer Schriftsteller, Dichter und Maler, 1946 mit dem Nobelpreis für Literatur ausgezeichnet
Stufen. Aus: Hermann Hesse, Sämtliche Werke. Herausgegeben von Volker Michels. Band 10: Die Gedichte. Bearbeitet von Peter Huber. © 2002 Suhrkamp Verlag, Frankfurt am Main

Marie Luise Kaschnitz (1901 in Karlsruhe –1974 in Rom)
Adam und Eva. Aus: Marie Luise Kaschnitz, Gesammelte Werke in sieben Bänden. Herausgegeben von Christian Büttrich und Norbert Miller. Band 4: Die Erzählungen. © Insel Verlag Frankfurt am Main 1983 [Erstveröffentlichung: Das dicke Kind und andere Erzählungen. Krefeld: Scherpe 1952]

Karl Krolow (1915 in Hannover – 1999 in Darmstadt)
Ziemlich viel Glück. Aus: Karl Krolow, Meine Gedichte. © Suhrkamp Verlag Frankfurt am Main 1990

Philip Larkin (1922 in Coventry – 1985 in Hull), englischer Dichter
Bäume. Aus: Philip Larkin, Gedichte. Ausgewählt und übertragen von Waltraud Anna Mitgusch. © der deutschen Übersetzung Ernst Klett Verlage GmbH und Co. KG 1988

Marco Lodoli (geb. 1956 in Rom), italienischer Schriftsteller, Journalist und Lehrer
Leichter beginnen*. Aus: Marco Lodoli, Inseln in Rom. Streifzüge durch die Ewige Stadt. Ausgewählt und aus dem Italienischen übertragen von Gundl Nagl. Insel Verlag Berlin 2013, insel taschenbuch 4213. © der deutschen Ausgabe Carl Hanser Verlag München Wien 2003; Ein Stückchen geschenkter Zeit*. Aus: Unter dem blauen Himmel Roms. Neue Streifzüge durch die Ewige Stadt. Aus dem Italienischen von Gundl Nagl. © Insel Verlag Berlin 2016

Rainer Malkowski (1939 in Berlin – 2003 in Brannenburg, Oberbayern)
Zunehmendes Licht. Aus: Rainer Malkowski, Die Gedichte. Mit einem Nachwort von Nico Bleutge. © Wallstein Verlag, Göttingen 2009

William Somerset Maugham (1874 in Paris – 1965 in Saint-Jean-Cap-Ferrat bei Nizza), englischer Erzähler und Dramatiker
Ein glücklicher Mensch. Aus: William Somerset Maugham, Die romantische junge Dame. Aus dem Englischen von Friedrich Torberg. © 2005, 2008 Diogenes Verlag AG Zürich

Sławomir Mrożek (1930 in Borzęcin bei Krakau – 2013 in Nizza), polnischer Schriftsteller und Dramatiker
Das neue Leben. Aus dem Polnischen von Christa Vogel. Aus: Sławomir Mrożek, Das Leben für Fortgeschrittene. © 2006 by Diogenes Verlag, Zürich

Paul Nizon (geb. 1929 in Bern), Schweizer Schriftsteller
18. März 1997, Paris. Aus: Paul Nizon, Die Zettel des Kuriers. Journal 1990-1999. Herausgegeben von Wend Kässens. © Suhrkamp Verlag Frankfurt am Main 2008

Amos Oz (1939 in Jerusalem – 2018 in Petach Tikwa bei Tel Aviv), israelischer Schriftsteller, Journalist und Intellektueller
Ein neuer Staat*. Aus: Amos Oz, Eine Geschichte von Liebe und Finsternis. Roman. Aus dem Hebräischen von Ruth Achlama. © der deutschen Ausgabe Suhrkamp Verlag Frankfurt am Main 2004

Octavio Paz (1914 in Mixcoac, heute Mexiko-Stadt – 1998 ebenda), mexikanischer Schriftsteller und Diplomat, 1990 ausgezeichnet mit dem Nobelpreis für Literatur
1. Januar; Vor dem Anfang. Aus dem Spanischen von Fritz Vogelgsang. Aus: Octavio Paz, Liebesgedichte. Ausgewählt und mit einem Nachwort versehen von Werner Fritsch. © 2011 Insel Verlag Berlin; In der Frühe sucht das Kommende seinen Namen. Aus: Octavio Paz, Gedichte. Spanisch und deutsch. Übertragung und Nachwort von Fritz Vogelgsang. © Suhrkamp Verlag Frankfurt am Main 1977

Francesco Piccolo (geb. 1964 in Caserta, Kampanien), italienischer Schriftsteller
Der Bahnübergang*. Aus: Francesco Piccolo, Von Glücksmomenten. Aus dem Italienischen übersetzt von Birte Völker. © der deutschsprachigen Ausgabe Insel Verlag Berlin 2012. © 2010 by Francesco Piccolo

Claudio Piersanti (geb. 1954 in Canzano, Abruzzen), italienischer Schriftsteller
Formitrol. Aus: Sette Nuovi Racconti/Neue italienische Erzählungen. Auswahl und Übersetzung von Ina Martens. © 1992 der deutschen Übersetzung Deutscher Taschenbuch Verlag GmbH & Co. KG, München. © 1989 Claudio Piersanti

Rainer Maria Rilke (1875 in Prag – 1926 Val-Mont, heute zu Montreux), österreichischer Lyriker deutscher und französischer Sprache
Liebesanfang. Aus: Rainer Maria Rilke, Die Gedichte. Insel Verlag, Frankfurt am Main und Leipzig 2006

Betty Smith (1896 in Brooklyn, New York – 1972 in Shelton, Connecticut), US-amerikanische Schriftstellerin
Commencement*. Aus: Betty Smith, Glück am Morgen. Roman. Aus dem amerikanischen Englisch von Eike Schönfeld. © der deutschen Ausgabe Insel Verlag Berlin 2019

David Van Reybrouck (geb. 1971 in Brügge, Flandern, Belgien), flämisch sprechender belgischer Autor, Historiker und Archäologe
Ode an die Ex. Aus: David Van Reybrouck, Oden. Aus dem Niederländischen von Waltraud Hüsmert. © der deutschen Ausgabe Insel Verlag Berlin 2019

Derek Walcott (1930 auf der karibischen Insel St. Lucia – 2017 ebendort), lucianisch-britischer Dichter und Schriftsteller, 1992 mit dem Nobelpreis für Literatur ausgezeichnet
Liebe nach Liebe. Aus: Derek Walcott, Erzählungen von den Inseln.

Ausgewählt und aus dem Englischen von Klaus Martens.

* Alle mit einem Stern gekennzeichneten Titel stammen von der Herausgeberin.